Pirkko Huhta

SISU-MALLI

Kasvun ja hyvinvoinnin johtamiseen

© 2025 Pirkko Huhta
Kustantaja: BoD · Books on Demand, Mannerheimintie 12 B,
00100 Helsinki, bod@bod.fi
Kirjapaino: Libri Plureos GmbH, Friedensallee 273,
22763 Hampuri, Saksa
ISBN: 978-952-80-9463-0
Kansi: Severi Romsi

"Elämä on hyvin yksinkertaista, mutta teemme siitä jatkuvasti monimutkaista" - Kungfutse

SISÄLLYS

JOHDANTO

Kasvu on avainasemassa Suomen hyvinvointimallin, kilpailukyvyn ja kestävän kehityksen tukemisessa. Se luo resursseja, jotka mahdollistavat investoinnit työpaikkoihin, koulutukseen ja vihreään siirtymään – ja samalla vahvistaa tulevaisuudenuskoa globaalin kilpailun kiristyessä.

Suomen kasvu on pysähdyksissä ja olemme BKT-kasvuvauhdissa EU-keskiarvon alapuolella (Eurostat, 2024). Lamaannus näkyy yrityksissä ja koko yhteiskunnassa. Digitalisaatio, globalisaatio ja työmarkkinoiden muuttuvat tarpeet haastavat perinteiset toimintatavat.

Työelämä ja johtaminen ovat murroksessa. Johtajat koulutetaan usein amerikkalaisten gurujen luomiin johtamismalleihin, jotka korostavat standardisoitua johtamista globaalissa ympäristössä. Vaikka tämä lähestymistapa on hyödyllinen, paikallinen johtamisvahvuus ja suomalaisen kulttuurin ainutlaatuiset piirteet jäävät helposti huomiotta. Kirjassa esitetty malli pohjautuu suomalaisiin arvoihin ja toimintatapoihin, auttaen johtajia rakentamaan oman organisaationsa tarpeisiin sopivan kasvun ja hyvinvoinnin mallin.

Suomalaisen kulttuurin linkitys johtamiseen on edelleen vähän tutkittu aihe. Suomessa on 96 % yrityksistä alle 10 henkilön pienyrityksiä, ja suurin osa yrittäjistä työllistää vain itsensä. Meillä on vahva tekemisen mentaliteetti, mutta tuloksenteko on heikompaa. Moni yrittäjä unelmoi kasvusta, mutta ei uskalla ottaa seuraavaa askelta. Tämä kirja rohkaisee juuri tähän - kasvuun ja kestävään kehitykseen.

Useat yrittäjien ja johtajien tarinat kuvaavat karismaattisten persoonien matkaa menestykseen tai pettymykseen. Tämä kirja sen sijaan keskittyy avaintekijöihin, jotka ovat sovellettavissa erilaisten yritysten ja yhteisöjen johtamiseen. SISU-johtamismalli, joka tässä kirjassa esitellään, on kehitetty haastattelemalla menestyneitä yrittäjiä ja johtajia. SISU-mallin avulla yhdistän liiketoiminnan ja inhimillisyyden tasapainoisesti, korostaen kasvua, tuloksentekoa ja ihmisten hyvinvointia.

Kasvun saavuttaminen vaatii monia tekijöitä, joihin kaikkiin yritykset eivät voi vaikuttaa. On tärkeää keskittyä oikeisiin asioihin oikeaan aikaan - ja hieman onneakin tarvitaan. Emme kuitenkaan voi jäädä toimettomiksi, emmekä saa tehdä johtamisesta tarpeettoman monimutkaista. SISU-malli on kehitetty yksinkertaistamaan johtamista ja tukemaan kasvumatkaa selkeällä ja käytännöllisellä tavalla.

Kirjan sisältö

Kirja on suunniteltu niin, että sitä voi lukea joko kiinnostavien lukujen osalta tai kokonaisuutena. Tietyt teemat toistuvat luvusta toiseen tarkoituksella, jotta ne tukevat lukijan ymmärrystä ja tarjoavat näkökulmia eri asiayhteyksissä.

Aluksi käsittelen johtamista yhteiskunnan sekä kasvun ja työelämän vaatimusten lähtökohdista. Nostan esiin kriittisimmät asiat, jotka pohjautuvat haastatteluihin, kokemuksiin ja ajankohtaiseen kirjallisuuteen ja keskusteluun.

Toisessa luvussa esittelen selkeän ja konkreettisen SISU-johtamismallin, joka sitoo johtopäätökseni yhteen ja jonka pyrkimyksenä on aikaansaada jatkuvaa kehitystä, menestystä ja kasvua eri kehitysvaiheissa oleviin yrityksiin ja organisaatioihin. SISU-johtamismalli on konkreettinen apuväline, jolla omaa johtamistaan ja yritystään voi arvioida säännöllisesti - etenkin ongelma- ja murrosvaiheissa. Missä kasvun vaiheessa olemme nyt? Mitkä osa-alueet ovat vahvuuksiamme? Missä on kehitettävää? Mihin tarvitaan apua, lisäosaamista ja uutta potkua?

Kolmannessa luvussa keskityn kasvun kannalta syvähaastatteluiden pohjalta olennaisiin johtamisteemoihin, joita hyvin erilaisten kasvuyritysten johtajat ovat pitäneet tärkeinä. Laajennan käsitystä siitä, mitä kaikkea työelämässä tapahtuu ja mitä kasvavan yrityksen johtaminen pitää sisällään. Kirja tarjoaa myös välineitä oman johtajuuden ja organisaation kehityskohteiden arviointiin.

Neljännessä luvussa avaan tarkemmin, miten monin tavoin johtajuutta voi lähestyä. Kirja auttaa pohtimaan tärkeimpiä kysymyksiä kasvun johtamisessa juuri omasta näkökulmastasi. Tarjoan välineitä itsereflektioon: millainen johtaja juuri sinä olet? Mitä on huomioitava persoonastasi riippumatta?

On tärkeää uskaltaa unelmoida, toimia ja uudistaa ja siten mahdollistaa kasvu. Moni miettii, olemmeko oikeassa, pystymmekö tähän, menetämmekö omaisuuden ja maineen - onko tämä kaiken arvoista? Pelko menneestä luopumisesta ja tuntemattomaan hyppäämisestä tekee johtamisesta erityisen haastavaa. Toivon, että tämän kirjan myötä tuo hyppy tuntuisi hieman helpommalta.

Kirja on suunnattu johtajille ja yrittäjille, jotka haluavat kasvaa kestävästi, henkilöstöä arvostaen. Se on myös niille, jotka kokevat haasteita muutostilanteissa, epävarmuudessa ja erilaisuuden johtamisessa. Tämä teos tarjoaa konkreettisia työkaluja, jotka auttavat johtajia navigoimaan kasvun ja hyvinvoinnin tasapainossa - suomalaista sisua ja kulttuurista ainutlaatuisuutta hyödyntäen.

SISU-johtamismallin ydin on yksinkertainen: kilpailukykyinen tarjonta, asianmukainen toiminta, kasvuhalu ja paras versio omasta johtamisesta riittävät pitkälle. Tämä kirja auttaa aloittamaan kasvumatkan kohti menestystä ja kestävää kasvua.

Pirkko Huhdan Sisu-kirja tarjoaa jokaiselle yrittäjälle ja palkkajohtajalle yrittämisen ja yrityksen johtamisen käsikirjan kattaen kaikki merkittävät johtamisen osa-alueet malliesimerkein. Kirjan luettuani mieleeni palautuu jälleen johtamisen haasteet juuri sen laajaalaisuuden näkökulmasta. Jotta yritys voi kasvaa ja menestyä isosti tässä hyvin kilpailullisessa maailmassa, sen on vietävä johtamisen eri osa-alueet määrätietoisesti käytäntöön.

- Esa Kinnunen, Espoon Yrittäjät

1. KOHTI KASVUA

Suomessa on pula menestyvistä kasvuyrityksistä ja kovan kasvun johtajista. Kasvuyritys määritellään usein yritykseksi, joka kasvaa huomattavasti tavallista nopeammin tietyllä ajanjaksolla. Tilastokeskus käyttää EU yritystilastoasetuksen mukaisesti määritelmää, jonka mukaan kasvuyritys on vähintään 10 henkilöä työllistävä yritys, jonka henkilöstömäärä kasvaa keskimäärin yli 10 % vuosittain kolmen vuoden aikana. Toinen yleisesti käytetty kasvuyrityksen määritelmä on liikevaihdon kasvu, jolloin kasvua tapahtuu yli 20 % kolmena peräkkäisenä vuonna.

Kasvuyritykset ovat merkittäviä talouden kannalta, sillä ne luovat uusia työpaikkoja, edistävät innovaatiota ja ovat usein rohkeita riskinottajia. Menestynyt yritys haluaa kasvaa jatkuvasti, vaikka vakiintuneessa vaiheessa kasvuprosentit ovatkin maltillisia. Käsittelen kasvua laajemmin kuin vain kasvuyritysten kautta. Kaikki yritykset ja yhteisöt haluavat menestyä. Kaikki kasvu edellyttää kehittämistoimenpiteitä.

Tutkimuksemme avainviestit

Tutkimuksemme osoittaa, että kasvun johtaminen ei merkittävästi eroa muusta johtamisesta. Eroina ovat kuitenkin kovempi tahti ja suuremmat paineet ketteryydelle. Näissä olosuhteissa korostuvat tavoitteiden, vastuiden ja toimintatapojen selkeys. Vaikka kaikkea ei aina ehditä dokumentoida, tiettyjen perusprosessien on oltava kunnossa, jotta nopeatkin suunnanmuutokset voidaan toteuttaa. Hyvä johtamismalli ja -kulttuuri mahdollistavat myös itseohjautuvuuden ja ketterän toiminnan.

Haastatteluissa keskityimme kasvun johtamiseen ja johtamiskäytäntöihin. Vaikka Suomessa kasvu pääosin korostuu pk-yrityksissä, halusimme kuulla myös isompien yritysten edustajia. Näin saimme laajemman kuvan muutoksen johtamisesta ja kestävästä kehityksestä. Haastateltavat (luettelo liitteissä) olivat yleisesti ottaen positiivisia ja innostuneita. Vaikka haasteita nostettiin esiin, kasvujohtajat eivät jääneet niihin liiaksi kiinni. Keskusteluissa nousivat esille resurssit, osaajien ja rahoituksen saatavuus sekä verotukseen liittyvät kysymykset. Kansainvälistyminen oli tuonut mukanaan sekä haasteita että arvokkaita oppeja. Sen sijaan asiat, joihin on helpompi itse vaikuttaa – kuten innovatiivisuus, asiakkaiden hankinta ja suorituksen johtaminen – tuntuivat olevan turvallisemmalla pohjalla.

Kasvuyrityksissä merkityksellisyys ja halu kasvaa korostuvat enemmän kuin perinteisissä yrityksissä. Jotta innostus, tekemisen meininki sekä halu kasvaa säilyvät koko organisaatiossa, johtamisen ja yrityskulttuurin on tuettava intohimon ja arvostuksen rakentamista ja ylläpitämistä.

Tutkimuksemme pohjalta luodun johtamismallin tavoitteena on liiketoiminnan menestys ja henkilöstön hyvinvointi. Menestys ei ole pelkästään taloudellista tulosta, vaan se rakentuu myös siitä, että ihmiset voivat hyvin ja kokevat työnsä merkitykselliseksi. Kun yritys panostaa henkilöstön hyvinvointiin, työntekijät ovat sitoutuneempia, luovempia ja tuottavampia, mikä puolestaan vahvistaa liiketoiminnan tuloksia. Toisaalta, kun liiketoiminta menestyy, yritys voi tarjota entistä parempia resursseja ja työolosuhteita henkilöstölle. Tasapaino näiden elementtien välillä luo kestävää kasvua ja pitkäjänteistä menestystä.

Johtamisen murros

Ammattimainen johtaminen muodostuu kolmesta osa-alueesta, jotka ovat liiketoiminnan johtaminen, prosessien johtaminen ja ihmisten johtaminen. Yksinkertaistettuna kyse on siis siitä mitä johdat, miten johdat asioita ja miten ihmisiä. Liiketoiminnan johtamisella varmistetaan, että tehdään oikeita asioita, prosessit luodaan tukemaan tavoitteiden toteutumista ja henkilöstö toteuttaa ja aikaansaa tulokset. Tämän vuoksi on tärkeää, että henkilöstö voi työssään hyvin, ja ihmisten johtaminen tulisikin nostaa keskiöön kaikessa toiminnassa. Tämä aletaan vähitellen ymmärtää ja nykyaikaiset johtajat osallistavatkin henkilöstöä strategian luomisessa, sen toimeenpanossa ja päätösten teossa.

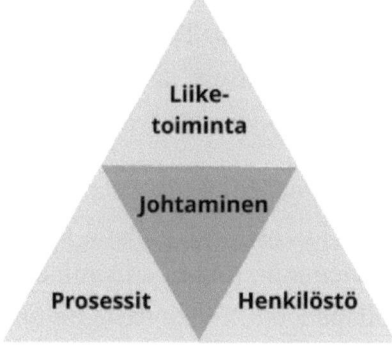

Kuva 1. Johtamisen osa-alueet

Johtamisteorioita on monia, mutta emme käsittele niitä tässä. Haluamme kuitenkin muistuttaa, että nykyiset johtajat ovat kohdanneet työelämän aikana valtavia muutoksia. Heillä ei ole ollut esikuvia, jotka olisivat valmistaneet heitä tämän päivän johtamiseen ja johtamismalleihin. Nykyään toimintanopeus, joustavuus ja jaettu johtajuus

ovat johtamisen arkea ja tavoitteet ja toimintamallit ovat huomatta-
vasti joustavampia.

Teknologian vaikutus johtamiseen on ollut merkittävä. Siinä missä
yritysten suuntaa ohjasivat aiemmin hitaat ja nopeasti vanhentuvat
markkinatutkimukset, nykyään hyödynnetään tehokasta data-analy-
tiikkaa ja tekoälyä. Nämä tarjoavat nopeammin muokkautuvia ja
ajantasaisia tiedonlähteitä. Uusiin tilanteisiin ei voi sopeutua riittävän
nopeasti, jos niistä saa tietoa vasta kilpailijoiden liikkeiden kautta.

Koronapandemian vaikeimmat vaiheet ovat takanapäin, mutta ko-
ronan mukanaan tuoma etätyön lisääntyminen on jäänyt pysyväksi
osaksi työelämää. Etätyöllä on kiistattomia etuja verrattuna toimisto-
työhön: monet voivat työskennellä joustavammin tai saada työnsä te-
hokkaammin tehtyä kodin rauhassa. Johtajille etätyön yleistyminen
tuo kuitenkin mukanaan haasteita. Työntekijöiden tukeminen on vai-
keampaa, kun he eivät ole fyysisesti läsnä, ja innovaatiot sekä yhteis-
työn henki voivat kärsiä, kun yhteistä työympäristöä ei ole.

Johtajan rooli on muuttunut auktoriteetista valmentajaksi. Nykyjoh-
tajat kuuntelevat työntekijöiden mielipiteitä ja tavoitteita huomatta-
vasti enemmän kuin aiemmin, jolloin johtaminen painottui saneluun
ja käskyjen täytäntöönpanoon. Viestinnästä on tullut kaksisuuntaista
kaikilla tasoilla, ja johtajan rooli on kaukana perinteisestä auktoritee-
tista. Tämä muutos tuo haasteita erityisesti niille johtajille, jotka ovat
oppineet toimimaan käskytyskulttuurin aikana. Työntekijät odottavat
tukea ja osallistavaa johtamista, mutta monet kokeneemmat johtajat,
jotka eivät ole itse kokeneet valmentavaa johtamistyyliä, kamppaile-
vat tämän odotuksen kanssa.

Johtamisella on monta ulottuvuutta. Jotta saamme aikaan kestävää
kasvua, täytyy talouden, asiakasrajapinnan, sisäisen toiminnan ja op-
pimisen johtamisen olla tasapainossa (Balanced Scorecard).

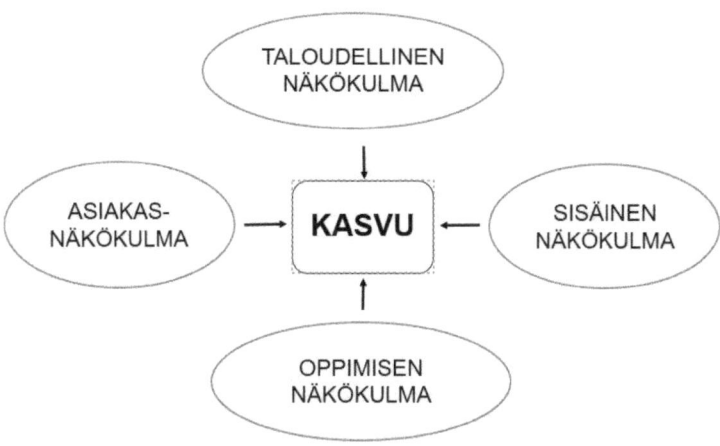

Kuva 2. Kasvun johtamisen näkökulmat

Kasvun ja työelämän johtaminen

Tutkimuksessamme haastattelimme sekä yrittäjiä että palkattuja johtajia. Vaikka samat perusasiat toistuivat molemmissa ryhmissä, yrittäjän suhde liiketoimintaan on tunnetasolla usein syvempi. Yrittäjälle yritys on kuin oma lapsi - siinä ovat kiinni omat rahat, persoona ja maine, ja riskit ovat merkittävästi suurempia. Palkkajohtajalla on usein turvattu tulotaso ja asema, mikä tuo erilaista vakautta. Tunnesiteen syvyys vaihtelee, mutta johtamisen peruslainalaisuudet ovat molemmille yhteisiä.

Johtajan yrittäjämäistä asennetta määrittävät menestymisen halu, rohkeus, kunnianhimo, sitkeys ja jatkuva kehittäminen. Työyhteisön sisäisestä yrittäjyydestä puhutaan nykyään laajalti, kun halutaan kaikkien työntekijöiden sitoutuvan ja toimivan aktiivisesti vastuualuei-

17

densa yli. Tämä termi voi kuitenkin olla harhaanjohtava, sillä se edustaa vain murto-osaa varsinaisesta yrittäjyydestä. Ei ole realistista odottaa samanlaista riskinottoa ja johtamisen laajuutta henkilöiltä, jotka on palkattu tiettyyn tehtävään. On myös riski, että itsensä johtaminen ymmärretään väärin: hyvä tavoite henkilökohtaisen toiminnan suunnitteluun, toteuttamiseen ja kehittämiseen voi johtaa siihen, että yksilöt jätetään liian yksin, ja johtajat vetäytyvät vastuusta.

Kaikki haluavat onnistua ja menestyä. Meihin on juurtunut syvälle ajatus, että arvostus ansaitaan tekemisen ja tulosten kautta. Hyvä johtaja innostaa muita omalla esimerkillään. Kovan suorittamisen kääntöpuolena on kuitenkin se, että johtaja saattaa kokea vastoinkäymiset raskaasti ja henkilökohtaisena epäonnistumisena.

Menestys ruokkii menestystä. Onnistumiset, vaikka pienetkin, vahvistavat uskoa siihen, että ollaan oikealla tiellä. Ne luovat innostusta, rohkaisevat ponnistelemaan ja tukevat kehittämistä. Kun onnistumisia kertyy, johtaminen on helpompaa. Toisaalta epäonnistumiset ja pettymykset kuuluvat väistämättä liiketoimintaan. Pahimmillaan ne voivat johtaa koko organisaation epäuskoon, luottamuspulaan, syyttelyyn tai lamaantumiseen. Näissä tilanteissa mitataan johtajan kyky palauttaa tekemiseen ilo ja tehokkuus.

Kasvun tavoittelussa asenne on ratkaiseva. Toimintaa voi jatkaa stabiilina, keskittyen varmistamaan nykyisen toiminnan kannattavuus vuodesta toiseen. Kasvun hakeminen vaatii kuitenkin aivan toisenlaista mielentilaa - päätöksen siitä, että "tämä ei vielä riitä". Kasvupäätös synnyttää energiaa ja avaa mahdollisuuksia oppia muilta, jotka jakavat saman kasvuhalun. Useimmat kasvuyritysten johtajat rakentavatkin aktiivisesti omia verkostojaan tai liittyvät valmiisiin verkostoihin, joissa kohtaavat samassa tilanteessa olevia. Verkostoituminen ja yhteistyö ovat tärkeitä erityisesti yrityksen alkuvaiheessa, kun sen tunnettuus on vielä vähäistä. Hyvien verkostojen puuttuessa kasvu voi olla äärimmäisen haastavaa, jopa mahdotonta.

Selviytyminen epävarmuuden keskellä

Resilienssi, eli selviytymiskyky, on noussut keskeiseksi käsitteeksi nykypäivän työelämässä ja liiketoiminnassa, jossa markkinat ailahtelevat ja työskentely-ympäristöt ovat entistä monimutkaisempia. Toisin kuin vakiintuneilla yrityksillä, kasvuyrityksillä ei aina ole suurta puskuria virheitä tai taloudellisia takaiskuja varten, mikä nostaa vaatimustasoa niiden selviytymiselle ja menestymiselle. Kyky sopeutua ja omaksua muutoksia antaa kasvuyrityksille mahdollisuuden ylläpitää kasvua tilanteissa, joissa vähemmän muutoskykyiset kilpailijat voivat kompastua. Muutosjoustavat organisaatiot ovat valmiita uudistamaan ja kehittämään toimintaa, eikä tyypillistä vastarintaa kohdata.

Uudet liiketoimintamallit ja innovaatiot edellyttävät rohkeutta ja riskinottoa. Yritysten on kyettävä käsittelemään epäonnistumisia ja oppimaan niistä nopeasti ilman, että ne horjuttavat yrityksen toimintaa tai heikentävät moraalia. Muutoskykyiset kasvuyritykset voivat hallita kasvua tasapainoisesti ja varmistaa, että ne eivät polta itseään loppuun eivätkä kasva liian nopeasti, vaan kestävästi ja hallitusti.

Johtajan selviytymiskyky on keskeinen osa yrityksen menestystä ja henkilöstön hyvinvointia. Johtajan kyky johtaa esimerkillä, pysyä rauhallisena kriisitilanteissa ja käsitellä stressiä vaikuttaa suoraan henkilöstön hyvinvointiin, mikä on sidoksissa organisaation kykyyn menestyä ja kasvaa. Selviytymiskykyinen henkilöstö pystyy paremmin käsittelemään muutoksia ja haasteita, mikä vähentää työuupumusta ja lisää tuottavuutta.

Johtajat toimivat jatkuvasti muuttuvassa ympäristössä, jossa on monia tekijöitä, joihin he eivät voi vaikuttaa. Epävarmuus voi liittyä esimerkiksi markkinatilanteen muutoksiin, teknologian kehitykseen, kilpailijoiden toimiin tai organisaation sisäisiin muutoksiin. Epävarmuus tekee päätöksenteosta monimutkaisempaa, koska kaikkia muuttujia ja mahdollisia seurauksia ei voida ennakoida. Johtajien on tehtävä päätöksiä parhaiden saatavilla olevien tietojen perusteella ja usein nopeasti muuttuvissa tilanteissa. Strategioiden on oltava joustavia ja mukautuvia, jotta ne voivat vastata muuttuvaan ympäristöön. Johtajan on tunnistettava, arvioitava ja hallittava riskejä tehokkaasti.

Epävarmuus vaikuttaa myös henkilöstöön. Johtajan on kyettävä kommunikoimaan epävarmuudesta avoimesti ja rehellisesti sekä luomaan ilmapiiri, jossa työntekijät tuntevat olonsa turvalliseksi ja motivoituneeksi. Kun prosessit ovat joustavia ja henkilöstö otetaan mukaan päätöksentekoon ja ongelmanratkaisuun lisätään sitoutumista ja löydetään myös uusia näkökulmia ja ideoita.

Tehokkuuden ja inhimillisyyden tasapaino

Tehokkuuden ja inhimillisyyden tasapaino on kriittinen kysymys sekä organisaatioiden että yhteiskunnan toiminnassa. Tämä tasapaino liittyy siihen, kuinka resursseja, kuten aikaa, rahaa ja työvoimaa, käytetään tavoitteiden ja tulosten saavuttamiseen ilman, että uhrataan yksilöiden tai yhteisöjen hyvinvointia.

Tehokkuus voi tarkoittaa esimerkiksi korkeaa tuottavuutta, lyhyitä prosessiaikoja tai vähäisiä kustannuksia. Inhimillisyys puolestaan tarkoittaa sitä, että otetaan huomioon ihmisten tarpeet, tunteet ja hyvinvointi. Inhimillisyys voi ilmetä työn joustavuudessa, hyvissä työoloissa, empatian osoittamisessa tai ihmisten kehityksen tukemisessa. Tasapaino näiden välillä on tärkeä, sillä pelkkä tehokkuuden tavoittelu voi johtaa inhimillisten arvojen ja hyvinvoinnin laiminlyöntiin, kun taas liiallinen inhimillisyyden painottaminen voi vähentää tehokkuutta ja johtaa esimerkiksi kustannusten nousuun tai toiminnan tehottomuuteen.

Tehokkuuden ja inhimillisyyden tasapaino on erityisen kriittistä kasvuyrityksissä, joissa nopea kasvu ja kilpailu vaativat sekä resurssien tehokasta käyttöä että henkilöstön hyvinvoinnin huomioimista. Menestys edellyttää, että resursseja käytetään optimaalisesti, mutta samalla inhimillisten arvojen ja työntekijöiden hyvinvoinnin tulee olla keskiössä. Tehokkuus on ratkaisevaa, kun yritys skaalautuu ja tavoittelee kilpailuetua, mutta jos tehokkuus ohittaa inhimilliset tekijät, se voi johtaa henkilöstön motivaation laskuun, uupumukseen ja korkeaan vaihtuvuuteen. Inhimillisyyden korostaminen kasvuyrityksissä tarkoittaa sitä, että työntekijöiden tarpeet, tunteet ja kehitys otetaan huomioon.

Tasapainon saavuttaminen tehokkuuden ja inhimillisyyden välillä on kasvuyritykselle elintärkeää, sillä lyhyen aikavälin tehokkuus voi olla haitallista pitkän aikavälin kestävyyden ja työntekijöiden jaksamisen kannalta. Kun organisaatio kykenee yhdistämään tehokkuuden ja inhimillisyyden, se luo perustan sekä kestävämmälle kasvulle että hyvinvoivalle, motivoituneelle henkilöstölle, mikä puolestaan vahvistaa yrityksen kilpailukykyä.

Kasvuyritysten omistajuus

Omistajat ovat vastuussa yrityksestä, ja heidän kiinnostuksensa liittyy yrityksen arvoon. He rahoittavat toimintaa rahalla ja työpanoksella ja odottavat vastinetta sijoitukselleen. Johtajan rooli on toteuttaa visiota ja luoda tulosta ja arvoa. Kasvua aloittavissa yrityksissä omistaja ja johtaja ovat usein sama henkilö, eikä rooleja pystytä pitämään erillään. Yleensä omistajia on useita, ja varsinkin yrityksen alkuvaiheessa he toimivat itsekin yrityksessä. Usein myös henkilöstöä motivoidaan tarjoamalla osakkeita, mikä entisestään monimutkaistaa kokonaisuutta.

Omistajuuden kautta johtamiseen ja työyhteisöön syntyy monimutkaisuutta, mutta siitä huolimatta omistajuuden jakaminen on yleensä tavoiteltavaa. Omistajuus lisää sitoutumista ja tuo taloudellista motiivia kasvulle ja menestykselle. Operatiivisessa työssä olevat omistajat kehittävät yleensä toimintaa ottamalla kohtuullisia riskejä. Pääomasijoittajat, jotka uskovat yritykseen ja tiimiin ja sijoittavat yritykseen, ovat rohkeampia. He korjaavat taserakenteen kuntoon, kehittävät aktiivisesti yritystä ja perustavat uusia avauksia reippaalla otteella, koska odottavat sijoituksilleen tuottoa.

Kasvuyritystä perustettaessa täytyy tarkoin analysoida perustajien toiveet ja odotukset. Osakkaiden lunastaminen ulos yrityksestä myöhemmin on usein henkisesti raskasta. Siksi osakassopimukset kannattaa laatia riskit huomioiden ja pahimpien tilanteiden varalle. Kun yritys kasvaa, ristiriita omistajan ja johtajan roolin välillä voi kasvaa. Perustajajohtajan on tärkeä kysyä itseltään, voiko hän jatkaa kaksoisroolissa vai olisiko yritykselle parempi vetäytyä omistajarooliin. Kasvun edetessä yritykseen hankitaan usein uusia omistajia. Uusi omistaja tuo yleensä uusia näkemyksiä strategiaan ja avauksia uusiin alueisiin. Kuitenkaan uusienkaan omistajien mukaan ottamisessa ei kannata olla liian luottavainen.

Omistajakysymyksissä on paljon pohdittavaa ja ainakin seuraavat asiat on syytä selvittää:

- Onko käsitys yrityksen visiosta yhteinen?
- Onko teillä omistajastrategiaa?

- Ovatko kaikki valmiita sitoutumaan yritykseen seuraaviksi vuosiksi?
- Pystyvätkö omistajat sopimaan asioista ongelmatilanteissa?
- Mitä uusi omistaja tuo yritykseen? Miten se arvotetaan?
- Ovatko vanhat omistajat valmiita jakamaan osuuttaan ja päätöksentekoa?
- Miten uusi omistajien kokoonpano muuttaa tiimiä ja yrityskulttuuria?

Yhteistyö sidosryhmien kanssa

Johtajan rooli ei rajoitu vain oman organisaation johtamiseen. Menestyvän yrityksen taustalla on taitava ja strateginen sidosryhmien hallinta. Tämä tarkoittaa tehokasta vuorovaikutusta monen eri tahon kanssa, jotka vaikuttavat yrityksen toimintaan ja tulevaisuuteen. Toiminta asiakkaiden ja yhteistyökumppaneiden, omistajien, hallituksen ja median kanssa voi vaihdella merkittävästi. Johtajana toimiminen edellyttää monipuolista kykyä vastata eri sidosryhmien tarpeisiin ja odotuksiin. Systemaattinen ja avoin lähestymistapa auttaa luomaan vahvat suhteet, jotka tukevat yrityksen pitkän aikavälin kasvua ja menestystä.

Asiakkaat ovat yrityksen elinehto. Heidän tarpeidensa ja toiveidensa ymmärtäminen auttaa kehittämään palveluja ja tuotteita, jotka vastaavat markkinoiden kysyntään. Yhteistyökumppaneiden kautta yritys voi lisätä kapasiteettiaan ja tuottaa lisäarvoa asiakkailleen. Säännöllinen yhteys vahvistaa luottamusta ja tuo parhaimmillaan uusia innovaatioita. Onnistunut mediajulkisuus edistää positiivista mainetta, kasvattaa yrityksen uskottavuutta ja houkuttelee niin asiakkaita, työntekijöitä kuin sijoittajiakin.

Kasvuyrityksen kannattaa muodostaa hallitus, joka pystyy tukemaan yritystä sen kasvun polulla. Hallituksen tehtävät ja vaikutus muuttuvat yrityksen kehityksen myötä, ja hallituksen rooli on erityisen tärkeä, kun yritys kohtaa kriittisiä kasvun haasteita.

Kasvun alkuvaiheessa hallitus tarjoaa arvokasta asiantuntemusta ja neuvoja, jotka auttavat yritystä löytämään oikean strategisen suunnan. Hallituksen jäsenten verkostot voivat avata ovia rahoitusmahdollisuuksiin, uusiin asiakkaisiin ja yhteistyökumppanuuksiin. Hallitus auttaa myös määrittämään yrityksen vision ja mission sekä kehittämään pitkän aikavälin strategian.

Kasvuvaiheessa hallitus seuraa yrityksen kasvua ja varmistaa, että tavoitteet saavutetaan. Tämä sisältää taloudellisen suorituskyvyn, operatiivisten tavoitteiden ja strategisten suunnitelmien toteutumisen seurannan. Tällöin hallituksella on iso rooli tukea operatiivista johtoa riskien hallitsemisessa.

Skaalautumisvaiheessa hallitus varmistaa, että yrityksessä noudatetaan lakeja ja säädöksiä, pidetään yllä hyvää hallintotapaa, tehostetaan toimintaa ja päivitetään kasvustrategioita. Hallituksella on myös tärkeä rooli mahdollisten yritysostojen ja fuusioiden ohjaamisessa.

Hallituksen ja toimitusjohtajan yhteistyö on ratkaisevan tärkeää kasvuyrityksen menestykselle. Heidän suhteensa tulee perustua luottamukseen, avoimeen viestintään ja yhteisiin tavoitteisiin. Hallituksen rooli yrittäjävetoisissa yrityksissä on tarjota ulkopuolista näkökulmaa, ohjata liiketoiminnan ja strategiatyön eri osa-alueilla sekä ehkäistä virheitä, jotka saattavat syntyä johtajan tekemistä päätöksistä.

Johtajan on osattava viestiä tehokkaasti ja ylläpitää avointa vuoropuhelua omistajien, sijoittajien ja muiden sidosryhmien kanssa. Tämä edellyttää kykyä hallita heidän odotuksiaan tarjoamalla realistista tietoa ja luottamusta kasvumatkan eri vaiheissa. Kasvun aikana johtajalta odotetaan dynaamisuutta, mukautuvuutta ja vastuunkantoa. Johtaja on myös avainasemassa ylläpitämässä ja kehittämässä kulttuuria, joka tukee innovointia, yhteistyötä ja kestävää kasvua. Omistajilta ja sijoittajilta tuleva paine saavuttaa nopeita tuloksia saattaa aiheuttaa tilanteen, jossa johtajan odotetaan tuottavan merkittäviä tuloksia lyhyessä ajassa. Johtajan haasteena onkin työn jatkuvuuden turvattomuus.

Kasvun ja kestävyyden mahdollisuudet

Sitran vuoden 2023 Megatrendit-raportti kuvaa nykyhetkeä postnormaalina aikana, joka haastaa meitä uudistumaan ja mukautumaan muuttuvaan maailmaan. Tämä tarjoaa ainutlaatuisia mahdollisuuksia kehittää johtamista ja toimintatapoja, jotka vahvistavat kestävää kehitystä ja vastuullisuutta. Johtajien rooli on keskeinen näiden tavoitteiden saavuttamisessa, ja talouden uudistaminen monimuotoisemmaksi ja joustavammaksi tukee sekä yrityksiä että yhteiskuntaa.

Suomessa tehdään nyt merkittäviä päätöksiä, jotka vaikuttavat yrittäjyyteen, eri toimialoihin ja koko yhteiskuntaan. Hallituksen linjaukset talouden tasapainottamiseksi, koulutuksen laadun parantamiseksi ja terveydenhuollon uudistamiseksi luovat pohjan pitkän aikavälin hyvinvoinnille. Samaan aikaan globaalit trendit, kuten digitalisaatio, vihreä siirtymä ja työn murros, avaavat uusia mahdollisuuksia kasvuun ja innovaatioihin.

Vaikka haasteita on, niiden keskellä piilee valtava potentiaali. Suomen vahvuuksia ovat kansainvälinen yhteistyö, osaava työvoima ja kyky sopeutua muutokseen. Uudet johtamisen mallit, joissa korostuvat tulevaisuuden visiointi, tehokkuus ja inhimillisyys, ovat avainasemassa kasvun ja hyvinvoinnin rakentamisessa.

Yhdistämällä hallituksen päätökset, yritysmaailman innovaatiot ja yhteiskunnan laajan tuen voimme luoda ympäristön, jossa kaikki sukupolvet - nuoret, työikäiset ja ikääntyvät - voivat menestyä ja kukoistaa. Nyt on aika tarttua mahdollisuuksiin, rakentaa vahvaa yhteisöllisyyttä ja viedä Suomea eteenpäin positiivisuuden ja ratkaisukeskeisyyden kautta.

2. SISU-JOHTAMISMALLI

Suomalainen sisu

Suomalaiset uskovat, että sisu on perustavanlaatuinen osa toimintakulttuuriamme. Sisu voidaan määritellä hellittämättömänä tahdonvoimana, sinnikkyytenä, kykynä jatkaa eteenpäin ja viedä asiat loppuun vastoinkäymisistä huolimatta. Suomalaisessa kulttuurissa sisun käsite nousee pintaan yhä uudelleen. Asiat hoidetaan ja eteenpäin puurretaan, vaikka läpi harmaan kiven. Sisu on se voima, joka puskee yrittämään mahdottomaltakin näyttävää urakkaa.

Sisu voi toimia voimavarana, mutta myös ikävänä taakkana ja uhkana hyvinvoinnille. Sisu liittyy henkiseen vahvuuteen ja siihen, että kykenee tiukankin paikan tullen tarttumaan toimeen, saa aikaiseksi eikä lannistu. Toisaalta sisu voi ilmetä jääräpäisyytenä ja haittana itselle ja muille.

Mutta mitä sisu on tänään? Se ei ole pelkkää periksiantamattomuutta eikä missään nimessä tekemistä ilman älyä ja oppimista. Sisu on uskomaton voima, joka saa meidät toimimaan ja jopa nauramaan vastoinkäymisille, se on kyky nähdä valoa tunnelin päässä, vaikka ei olisi varma, onko tunneli oikeasti olemassa.

Suomalaisessa kulttuurissa sisu nousee esiin joka paikassa. Talvisota on jopa mytologinen tapahtuma, jossa pieni Suomi nousi suurta vihollista vastaan urheasti ja sisukkaasti, puurtaen läpi sydäntalven ja vaikean sään, puolustaen maataan ylivoimaista vihollista vastaan. Urheilijoista puhuttaessa todetaan, kuinka sisukkaasti pienestä maastamme nousee kovalla työllä maailmanluokan tähtiä, oli sitten kyse Paavo Nurmesta, Kimi Räikkösestä tai Wilma Murrosta. Koemme yhteistä onnistumisen iloa kansakuntana, kun joku urheilija onnistuu. Toisaalta olemme kyllä kärkkäästi arvostelemassa epäonnistumista.

Mielikuva keskivertosuomalaisesta kansan mielikuvissa on helposti Pohjantähden alla suota kaatosateessa kuokkiva talonpoika tai kotirintamaa mukisematta ylläpitävä perheen äiti. Suomi on historiallisesti pulan ja sodan raatelema maa, eikä ole vaikeaa ymmärtää, miksi näissä olosuhteissa kasvanut väestö arvostaa sisua ihannoitavana luonteenpiirteenä. Kun vaihtoehtoja ei ole, on pakko vain jatkaa eteenpäin, vaikka olosuhteet olisivat kuinka vaikeat.

Historia ei kuitenkaan ole nykypäivää. Kaiken ihannoinnin valossa saattaa herätä houkutus kyseenalaistaa koko sisun käsite. Tänä päivänä Suomi on globaalilla mittapuulla erittäin hyvinvoiva maa, eikä samanlaiselle puutteesta kumpuavalle periksiantamattomuudelle ole enää yhtä suurta tarvetta. Voidaankin kysyä, onko sisu vanhentunut käsite? Pitäisikö sisu jättää historiaan yhdessä kansan kärsimysten kanssa? Onko Suomen aika jatkaa jo matkaansa kohti uutta aikakautta?

Selviytymisestä uuden tulevaisuuden luomiseen

Sisu on suomalaisen identiteetin ytimessä – voima, joka on auttanut meitä selviämään historian vaikeimmista haasteista. Mutta tänä päivänä sisu tarvitsee uudistamista. Se ei voi olla enää vain yksilön selviytymistä, vaan myös yhteisöllistä voimaa, jonka avulla luomme yhdessä uutta tulevaisuutta. Meidän on aktivoitava tämä syvällä kulttuurissamme oleva sisu, jotta voimme vastata nykyajan haasteisiin ja rakentaa kestävää menestystä.

Sisu nähdään monesti muuttumattomana, sitkeänä tahdonvoimana, mutta parhaimmillaan se on kykyä sopeutua, uudistua ja luoda uutta. Se ei tarkoita vain menneisyyden vaikeuksien läpi puskemista, vaan myös viisautta jättää vanhat toimintatavat taakse ja omaksua uusia ajattelumalleja. Tämä joustava sisu antaa meille mahdollisuuden kohdata muuttuvan maailman haasteet ja tehdä rohkeita ratkaisuja. Vastoinkäymiset ylitetään sitkeästi, mutta nyt myös joustavasti. Jos perinteinen sisu on mänty, joka pysyy tuulta vastaan jääräpäisesti pystyssä, kunnes se kaatuu, nykyajan sisu on paju, joka taipuu kyllä, muttei kaadu pahimmassakaan myrskyssä.

Nykyajan sisu ei ole yksilön yksinäinen kamppailu, vaan yhteisöllistä voimaa, jossa saavutukset syntyvät yhdessä tekemällä. Uudistettu sisu ei sulje pois kapinahenkeä tai perinteistä sitkeyttä, mutta se keskittyy siihen, miten voimme yhdessä luoda uusia innovaatioita ja rakentaa kestävää kasvua. Kun toimimme yhdessä, löydämme voiman, joka ylittää yksilösuoritukset. Se näkyy työelämässä, koulutuksessa ja urheilussa - yhteisöllisyys, yhteistyö ja yhteinen sitoutuminen tuovat pitkäjänteisiä tuloksia.

Hyvinvointi ja sisu kulkevat käsi kädessä suomalaisen yrittäjän elämässä. Sisu ei ole vain työkalu haasteista selviämiseen, vaan se on myös avain onnellisuuteen. Kun omaksumme sisun voiman, opimme arvostamaan yrittämistä ja löydämme ilon tekemiseen.

Liiallinen sisu voi johtaa uupumiseen ja stressiin. Silloin asiat sumentuvat omassa päässä ja armottomuus itseään kohtaan saa vallan. On tärkeää tunnistaa hetket, jolloin tarvitaan lepoa ja tukea. Joskus sisu tarkoittaa myös nykyisestä luopumista ja uuden rakentamista kohti parempaa hyvinvointia.

Sisua siis tarvitaan, mutta sitä on muokattava nykypäivään. Yhteiskuntamme tarvitsee uutta energiaa ja yhteistä päämäärää, jonka varassa voimme luoda elinvoimaista tulevaisuutta.

SISU-johtamismallin synnystä

"Kasvu ei lopu koskaan sellaiselta, joka siihen on kerran suostunut. Mitä syvemmälle heikkoutensa uskaltaa katsoa, sitä syvemmät juuret tarvitaan. Ei tuulessa ja myrskyssä kestä sellainen, joka pintaa pitkin matelee. Ei, syvälle multaan pitää uskaltaa, jos korkealle haluaa." –
Tommy Hellsten, Muutos

Aloittaessamme haastatteluita tätä kirjaa varten, emme asettaneet tavoitteita lopputulokselle. Lähdimme analysoimaan johtamista varsin tyhjältä pöydältä ja annoimme haastateltaville tilaa lähestyä aihetta vapaasti. Halusimme kuulla, mitä eri toimialojen ja kokoluokkien yritysten johtajat asiasta sanoivat.

Heittäytyminen kasvujohtamiseen ilman hypoteesia ja vahvoja ennakko-oletuksia oli ainutlaatuinen kokemus. Palasimme pitkiin haastatteluihin yhä uudelleen - kuunnellen nauhoituksia ja lukien litteroitua tekstiä. Haastattelut olivat kuin ajatusten ilotulitusta: mukana oli paatosta ja tunnetta, selkeästi pohdittuja kokemuksen mukanaan tuomia oppeja - ja varmasti myös muualta luettuja vinkkejä ja oivalluksia.

Löysimme toistuvia teemoja: kritisoitiin, miten yrityksissä ei aseteta riittävän kunnianhimoisia tavoitteita ja peräänkuulutettiin kasvuhalua. Moni painotti tekemistä, uskallusta, kokeilemista ja pitkäjänteisyyttä – kukin omilla sanoillaan. Ihmisten johtamisessa korostuivat aitous, läsnäolo ja tilannetaju. Mukana oli paljon "pehmeitä" johtamisen elementtejä, jotka osoittautuivat paitsi suurimmaksi haasteeksi myös tulevaisuuden johtamisen keskeisiksi menestystekijöiksi.

Ennen kaikkea esiin nousivat nämä neljä osa-aluetta, joiden paino-arvo vaihteli yrityksen kasvun eri vaiheissa:

S   **Suunta**
I   **Intohimo**
S   **Suoritus**
U   **Uudistus**

Kiteytin mallin yksinkertaisesti SISUksi. Haluan kuitenkin tuoda si-suun uudenlaista ajattelua ja älykkyyttä. Ei väkinäistä hampaat ir-vessä puskemista, vaan ripaus rentoutta mukaan. Kyse on luottamuk-sen saavuttamisesta, ja siihen tarvitaan tämän ajan vaatimusten mu-kaisia toimia.

Kasvujohtajuuden mallin ydin rakentuu neljästä osatekijästä: suunta, intohimo, suoritus ja uudistus. Näiden tasapainoinen yhdistelmä luo kestävää arvostusta niin asiakkaiden, henkilöstön kuin sidosryhmien keskuudessa. Tässä osiossa tarkastelen näiden osatekijöiden merki-tystä yrityksen kasvun eri vaiheissa.

Kuva 3. SISU-johtamismalli

SUUNTA

Uuden yrityksen perustamisen taustalla on tyypillisesti tajunnanrä-
jäyttävä idea, ainakin perustajien mielestä. Alkuvaiheen kasvuyrittä-
jältä kuulee usein lauseita kuten "tällaista ei ole olemassa", "teemme
tämän paremmin" tai "tässä on selvä markkinarako". Näin kuuluukin
olla. Tällaiset lauseet eivät kuitenkaan vielä sitouta tai innosta henki-
lökohtaisella tasolla, eivätkä ne anna riittävää käsitystä siitä, mihin
yritys on menossa. Parhaat ideat muotoutuvat innostaviksi visioiksi,
ja selkeä suunta on kasvulle kriittinen tekijä. Suunta innostaa uusia
ihmisiä liittymään tiimiin, sitouttaa yritykseen ja auttaa selviytymään
haasteiden läpi.

Suunta strategian osana

Jokaisen työntekijän tulee ymmärtää, miksi yritys on olemassa, mitä
se tavoittelee ja miten sinne päästään. Selkeä suunta on tehokas kas-
vujohtamisen työkalu, jonka ympärille voi rakentaa tavoitteet ja mää-
ritellä oikean tekemisen taso. Kun kaikilla on selkeä käsitys siitä,
minne juna on matkalla, fokuksen säilyttäminen on huomattavasti
helpompaa. Tavoitteita voidaan päivittää nopeastikin, mutta pohjalla
täytyy olla selkeä suunta, jota kohti kuljetaan. Tekemisen tavat löyty-
vät kyllä, kun päämäärä on tiedossa ja siihen uskotaan.

Suuntaan liittyvät haasteet korostuvat voimakkaan kasvun vai-
heessa. Kun tiimissä on parikymmentä henkilöä, kaikkien pitäminen
ajan tasalla yrityksen suunnasta ja heidän mielipiteidensä kuuleminen
on vielä melko yksinkertaista. Kun väkimäärä kasvaa satoihin, suun-
nan kommunikointiin täytyy kehittää uusia tapoja. On tärkeää auttaa
henkilöstöä ymmärtämään suunta ja sen merkitys kunkin yksittäisen

työntekijän kannalta. Toimivin strategia on yhdessä laadittu tiekartta, joka elää osana jokaisen arkea ja tekemistä.

Uusien ketterien toimintamallien – olipa kyse kokeilukulttuurista, agilesta tai leanista – myötä on joillekin voinut syntyä väärä käsitys siitä, että riittää vain tehdä ja kokeilla ilman turhaa byrokratiaa tai pitkän aikavälin suunnitelmaa. Todellisuudessa ketterät mallit ovat korostaneet suunnan merkitystä entisestään. Kokeiluja tulisi tehdä aina pohjautuen selkeisiin ja mitattaviin tavoitteisiin, jotka liittyvät yrityksen suurempaan päämäärään. Tämä on erityisen tärkeää esimerkiksi asiakastarpeiden selvittämisessä, jossa ketterät kokeilut ovat usein erinomaisia työkaluja.

Suunta on keskeinen tekijä myös muissa malleissa. Monelle tuttu SMART-malli (Specific, Measurable, Achievable, Relevant, Timebound) ohjaa asettamaan tavoitteet selkeiksi, mitattaviksi, saavutettaviksi, realistisiksi ja aikaan sidotuiksi. Tällaiset helposti ymmärrettävät tavoitteet luovat yhdenmukaista suuntaa, jossa yhteiset tavoitteet, työtehtävät ja työn mielekkyys kohtaavat. Työntekijät kokevat tekevänsä merkityksellistä työtä, eikä heidän tarvitse pohtia mitä johtajien mielessä liikkuu.

Ison kuvan mielessä pitäminen auttaa myös silloin, kun kokeilut väistämättä joskus epäonnistuvat. Selkeä suunta asettaa epäonnistumiset oikeaan mittakaavaan, muistuttaa päämäärästä ja auttaa valitsemaan seuraavan kokeilukohteen.

Koska toimintaympäristö muuttuu jatkuvasti, myös suunnan on elettävä sen mukana. Yrityksen suunnasta tulee käydä avointa vuoropuhelua, jossa eri näkökulmat pääsevät esille ja ympäristön muutoksiin reagoidaan. Ilman vuoropuhelua suunta voi jäädä pinnalliseksi ja ajastaan jälkeen, jos kaikkien aivoja ei saada mukaan sen kehittämiseen.

Suuntaa kasvulle voi tarkastella yksinkertaisen esimerkin kautta. Kuvitellaan kaksi erilaista tapaa perustaa maailman paras katkarapuravintola.

Ensimmäinen tapa syntyy vähitellen, lähes vahingossa. Ehkä yrittäjä rakastaa katkarapuja ja aloittaa pienestä katkarapugrillistä. Kuuntelemalla asiakkaita herkällä korvalla, grillistä tulee niin suosittu, että se laajenee muutaman asiakaspaikan ravintolaksi. Vuosien myötä miljöö, henkilökunta ja yrittäjä itse kehittyvät, ravintola kasvaa, avaa uusia sivupisteitä ja kehittää annoksiaan yhä hienostuneemmiksi. Lopulta, kymmenien vuosien jälkeen, ravintola voi todella olla maailman paras.

Toinen tapa on tehdä päätös heti alussa: perustetaan maailman paras katkarapuravintola. Tämän jälkeen kootaan huipputiimi, hankitaan paras mahdollinen osaaminen, tehdään asiakastestejä ja asetetaan tarkat välitavoitteet sekä metriikat, jotka ohjaavat toimintaa kohti yhteistä päämäärää. Tämä lähestymistapa on nopeampi, koska selkeä suunta ja tavoitteellisuus tuovat tekemiseen nopeutta ja selkeyttä. Toki tämä tapa vaatii enemmän alkupääomaa ja sisältää suuremmat riskit, mutta se voi lyhentää tavoitteeseen pääsemisen aikaa huomattavasti.

Tavoitteiden määrittely yhdessä

Suunta ja tavoitteet määritellään usein yhteistyössä, jossa johtajat ja tiimin jäsenet yhdistävät näkemyksiään, osaamistaan ja kokemustaan. Tämä yhteistyö on keskeinen osa strategista suunnittelua, sillä monipuolinen osallistaminen varmistaa, että päätökset perustuvat laajaan tietopohjaan ja erilaisiin näkökulmiin. Tiimityössä syntyvä synergia auttaa luomaan yhteisen vision, jossa jokaisen panos on merkityksellinen.

Vaikka suunta asetettaisiin yhdessä, sen toteuttaminen ja ylläpitäminen vaatii jatkuvaa yksilötason sitoutumista ja toimintaa. Jokaisen tiimin jäsenen on osaltaan panostettava siihen, että yhteisesti sovitut tavoitteet saavutetaan. Tämä tarkoittaa omien tehtävien suorittamista parhaalla mahdollisella tavalla, mutta myös proaktiivisuutta, vastuunottoa ja kykyä tehdä itsenäisiä päätöksiä, jotka tukevat yhteistä suuntaa.

Suuntaan liittyvä menestys onkin yhdistelmä kollektiivista strategista ajattelua ja yksilötason sitoutumista. Jokaisen tiimin jäsenen henkilökohtainen vastuu ja toiminta ovat ratkaisevan tärkeitä, jotta yhteisesti asetetut tavoitteet muuttuvat konkreettisiksi tuloksiksi. Yksilöiden päivittäinen panos varmistaa, että tiimin suunta pysyy vakaana ja tavoitteet saavutetaan askel askeleelta.

Selkeys jatkuvassa muutoksessa

Johtaminen yrityksessä ilman selkeää suuntaa ja realistisia tavoitteita on kuin laiva ilman kompassia – kulkien vailla varmaa määränpäätä ja ilman mahdollisuutta korjata kurssia. Yrityksen visiolla on tässä kokonaisuudessa korvaamaton rooli: se antaa merkityksen ja määrittää pitkän aikavälin suunnan, johon kaikki toiminta tähtää. Tämä suunta toimii kuin majakka, joka ohjaa yrityksen toimintaa eteenpäin, vaikka matkalla tulisikin vastaan myrskyjä ja odottamattomia tilanteita. Tämä on erityisen tärkeää kasvuyrityksissä, joissa muutos on jatkuvaa ja usein nopeaa. Ilman selkeitä tavoitteita ja johdon-

mukaista toimintaa yritys saattaa harhailla, kadottaen huomion oike-
aan tekemiseen ja kuluttaen resursseja vääriin suuntiin, pahimmillaan
ajaen karille.

Päämäärä ei kuitenkaan saa olla stabiili; sen täytyy mukautua yri-
tyksen tilanteeseen ja ympäröivään maailmaan. Matkan varrella saat-
taa eteen tulla karikoita ja hetkiä, jolloin on tarpeen tarkastella uudel-
leen suunta - ovatko asetetut tavoitteet yhä saavutettavissa ja relevant-
teja. Johtajan tehtävänä on varmistaa, että yrityksen koko henkilöstö
ymmärtää yrityksen suunnan ja sen yhteiskunnallisen merkityksen ja
jokainen voi keskittyä tehtäviin, jotka tukevat päämäärän saavutta-
mista. Samalla johtajan on oltava valmis muokkaamaan toimintaa
joustavasti vastaamaan kulloisiakin olosuhteita, pitäen silmät auki uu-
sille mahdollisuuksille ja haasteille.

Uutta luodessa innostus ja mahdollisuudet voivat houkutella yrityk-
sen kokeilemaan monia eri suuntia. Innovaatio, uusien markkinoiden
valloitus tai tuotekehitys voivat viedä yritystä eteenpäin harppauksin,
mutta samalla ne voivat aiheuttaa epävarmuutta ja suunnan hämärty-
mistä, jos ei varmisteta, että kaikessa tekemisessä säilyy fokus ja kes-
kittyminen sovittuun tekemiseen. Kokonaan uuden luomisessa on
olennaista pitää mielessä yrityksen ydinajatus ja pitkän aikavälin ta-
voitteet, jotta kehitystyö vie yritystä eteenpäin johdonmukaisesti.

Johtamisen suurin haaste on tasapainon löytäminen pitkän aikavälin
strategisen ajattelun ja lyhyen aikavälin operatiivisen toiminnan vä-
lillä. Johtajan on suunnattava tulevaisuuteen ja johdettava kohti pää-
määrää, mutta samalla oltava läsnä arjen haasteissa ja nopeissa muu-
toksissa. Tämä vaatii henkistä joustavuutta ja kykyä nähdä arkiset on-
gelmat osana suurempaa kokonaisuutta. On yhtä haitallista mennä

täyttä vauhtia väärään suuntaan kuin pysähtyä epäröinnin vuoksi. Tämän vuoksi johtajan on jatkuvasti arvioitava päätöksiään suhteessa pitkän aikavälin tavoitteisiin.

Uuden luomisen prosessissa fokuksen säilyttäminen edellyttää jatkuvaa kommunikaatiota ja sitoutumista yhteisiin tavoitteisiin. Johtajan on pidettävä huolta siitä, että tiimit toimivat yhdessä selkeän suunnitelman mukaisesti, ja että kaikki osapuolet tietävät, miten heidän työnsä linkittyy yrityksen isompaan kuvaan. Tämä tarkoittaa selkeiden välitavoitteiden asettamista, säännöllisiä tarkistuspisteitä ja aktiivista vuoropuhelua, jossa varmistetaan, että kaikki tietävät kuinka etenemme ja ymmärtävät, miten uusi kehitys tukee yrityksen pitkän aikavälin kasvua ja menestystä.

Kyky tasapainottaa aikaansaaminen, joustavuus ja johdonmukaisuus on avainasemassa erityisesti silloin, kun yritys pyrkii luomaan jotain täysin uutta. Vaikka suuntaa täytyy toisinaan muuttaa lennossa, peruskurssi tulee pitää vakaana. Tämä varmistaa, että kaikki ponnistelut vievät kohti yhteistä päämäärää ja että yritys voi menestyä myös uusilla alueilla, säilyttäen samalla johdonmukaisuuden ja suunnan selkeyden. Lopulta kyse on siitä, että koko organisaatio ymmärtää, miksi ja miten uusi kehitys liittyy yrityksen suurempaan tarinaan. Näin ajatus säilyy kirkkaana, ja yritys voi hyödyntää innovoinnin ja kehityksen tuomat mahdollisuudet täysimääräisesti.

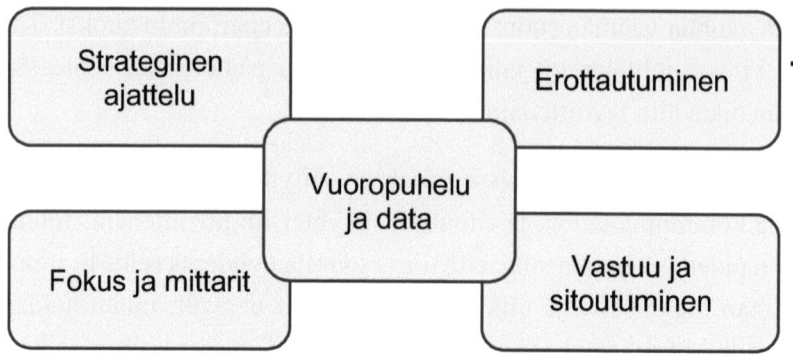

Kuva 4. Suunnan elementit

Case muutosvastarinta

Minut pyydettiin apuun strategian jalkauttamiseen yritykseen, jossa oli tunnistettu tyytymättömyyttä ja haluttiin pureutua johtoryhmän muutosvastarintaan. Suuren kansainvälisen yrityksen strategia oli päivitetty ja se aiheutti melkoista tuskaa ja päänvaivaa etenkin paikallisissa toimipisteissä.

Suurpiirteisillä vedoilla piirretyt suunnitelmat tuntuivat johdonmukaisilta ylimmälle johdolle, mutta pienille toimistoille muutokset olivat lähinnä hämmentäviä. Iso kuva ymmärrettiin, mutta se, mitä muutos tarkoitti organisaation eri tasoilla, oli epäselvää. Reaktiot vaihtelivat epävarmuudesta varsinaiseen paniikkiin. Riittävää vuorovaikutusta ei ollut käyty, joten paikallinen johtoryhmä vastusti muutosta eikä ollut motivoitunut toteuttamaan sitä. Heidän näkökulmastaan oli helppo kokea, että heistä ei välitetty eikä heillä ollut tulevaisuutta.

Tilanne oli vaarassa räjähtää kokonaan käsiin, ja todennäköisesti yrityksen johto ei olisi nähnyt suunnatonta vaivaa etäisen konttorin pelastamiseksi. Asiaan saatiin kuitenkin muutos, kun yrityksen laajempaa strategiaa avattiin paikalliselle johtoryhmälle, ja keskityttiin kirkastamaan sitä, kuinka nostaa esille ryhmän ja itse kunkin jäsenen omaa erityisosaamista ja kokemusta ja miten niitä voitaisiin hyödyntää uuden strategian toteuttamisessa. Johtoryhmän jäsenet alkoivat parityöskentelyn avulla pilkkomaan strategiaa, hajottaa ennalta määrättyjä rooleja ja jakaa omaa osaamistaan ja henkilökohtaisia vahvuuksiaan. Tästä lähti liikkeelle kehitys, jossa heidän omat kokemuksensa ja tuntemuksensa nousivat vahvemmin esille, ja sen myötä löytyi uusia innovaatioita.

Yhdessä uuden suunnan luominen onnistui, ja lisätiedon ansiosta johtoportaallekin oli helpompi tehdä päätöksiä. Saatuaan oman panoksensa esille, johtoryhmä innostui selvästi muutoksista, joita oli alun perin pidetty turhina tai haitallisina. Ihmiset olivat paljon sitoutuneempia suunnitelmiin, koska he olivat päässeet mukaan ja tuomaan osaamistaan sekä ratkaisuehdotuksiaan esille. Muutokset oli lopulta vuoropuhelun myötä sisäistetty. Paniikin seasta saatiin selkeät suuntalinjat, ja uudistus pääsi jatkumaan hyvällä tahdilla. Tuhon partaalla ollut toimipiste pelastui, ja sen seurauksena myös ylimmän johdon toiminta parani. Uudistus on yritykselle elintärkeää, mutta on yhtä tärkeää, että muutokset tapahtuvat joka tasolla niille sopivalla tavalla. Tämä esimerkki osoittaa, että onnistunut uudistus edellyttää johdonmukaisuutta, osallisuutta ja vuoropuhelua. Kun kaikki tasot ymmärtävät muutoksen merkityksen ja saavat tilaisuuden vaikuttaa, sitoutuminen ja tulokset paranevat huomattavasti.

Selkeä suunta herättää luottamusta sekä liiketoimintaan että johtamiseen. Kun jokainen ymmärtää miksi olemme olemassa, missä pelikentässä toimimme ja miten asemoidumme siinä, löytyy toiminnalle tarkoitus ja johtaminen helpottuu.

INTOHIMO

Intohimo työelämässä tarkoittaa yleensä vahvaa sitoutumista, innostusta ja omistautumista työhön tai johonkin sen osa-alueeseen. Intohimoinen henkilö työyhteisössä tuntee iloa ja tyydytystä työstään, mikä kannustaa häntä tavoittelemaan yhä korkeampia tavoitteita ja tuottamaan laadukasta tulosta. Tämä voi ilmetä energisyytenä, aloitteellisuutena ja haluna oppia jatkuvasti uutta. Intohimoinen työntekijä pyrkii jatkuvasti parantamaan suoritustaan ja tukee samalla muita onnistumaan. Hän hakeutuu aktiivisesti uusien haasteiden ja ammatillisen kasvun pariin.

Kokemukseni mukaan positiivinen asenne on intohimoisen henkilön keskeinen ominaisuus. Se näkyy hänen tavassaan kohdata haasteita ja ongelmia ratkaisukeskeisesti, mikä usein parantaa myös työilmapiiriä. Intohimoinen henkilö kykenee käsittelemään vastoinkäymisiä ja epäonnistumisia oppimismahdollisuuksina sen sijaan, että antaisi niiden lannistaa itseään. Hän arvostaa yhteistyötä ja rakentaa vahvaa tiimihenkeä tukemalla ja kannustamalla muita, jakamalla osaamistaan sekä toimimalla yhteisten tavoitteiden hyväksi. Intohimo kumpuaa usein työn merkityksestä. Tällöin työntekijä kokee työnsä tärkeäksi ja vaikuttavaksi.

Intohimo ja kasvun johtaminen

Kasvun johtamisessa intohimo on välttämätöntä. Johtajan tulee olla aidosti innostunut yrityksestään ja sen toiminnasta. Kasvujohtajalla on unelma ja palava halu menestyä - olivat mittarit taloudellisia tai muita. Intohimo ei ainoastaan näy ja kuulu kauas, vaan se luo uskottavuutta ja tekee johtajasta helposti seurattavan. Intohimoinen johtaja vakuuttaa helpommin rahoittajat, asiakkaat ja yhteistyökumppanit sekä neuvottelee parempia sopimuksia.

Vaikka intohimo jakaa joitain piirteitä karisman kanssa, ne eivät ole sama asia. Karisma voidaan määritellä henkilön kyvyksi herättää vahvaa vetovoimaa ja ihailua. Karismaattinen henkilö vaikuttaa muihin ihmisiin ilman näkyvää pakottamista tai muodollista auktoriteettia. Se on usein yhdistelmä persoonallisia ominaisuuksia, käyttäytymistä ja viestintätaitoja. Karismaattinen henkilö vaikuttaa usein intohimoiselta, vaikka se ei olisikaan hänen tarkoituksensa. Intohimo kumpuaa itsetuntemuksesta ja vahvasta uskosta ideaan ja itseensä. Myös rauhallinen ja valokeilassa viihtymätön henkilö voi olla erittäin intohimoinen johtaja. Eri ihmisten innostus näkyy eri tavoin.

Intohimon välittäminen muille on taitolaji. Taloudelliset tavoitteet ja tulokset voivat motivoida joitakin, mutta toisille ne voivat herättää ahdistusta, kateutta tai vastarintaa. Arvot puhuttelevat osaa ihmisistä, mutta voivat toisissa herättää epäilyksiä. Tarinat ovat usein tehokkain tapa viestiä intohimoa. Johtaja, joka osaa kertoa tarinan unelmista, haasteista ja menestyksestä, saa kuulijansa innostumaan. Suuria visioita arvostetaan, ja haasteista selviäminen inspiroi.

Hyvä johtaja huomioi kuitenkin yksilölliset tilanteet. Hän kuuntelee, ymmärtää ja suhteuttaa oman käyttäytymisensä muiden tarpeisiin. Vaikka muiden intohimo ei olisi yhtä palavaa, hyvä johtaja auttaa heitä löytämään omalle tasolleen sopivan motivaation.

Intohimoa on vaikea teeskennellä. Jos innostus katoaa, se heijastuu väistämättä muihin, vaikka sitä yrittäisi piilottaa. Intohimon vaikutukset työyhteisössä ovat moninaiset. Se lisää työtehokkuutta, parantaa työtyytyväisyyttä ja vahvistaa yhteisöllisyyttä. Intohimoiset työntekijät toimivat usein esikuvina ja inspiraation lähteinä, luoden positiivisen ja dynaamisen työympäristön. Liian intohimoiset työntekijät voivat myös ärsyttää toisia ja rikkoa työyhteisön hengen.

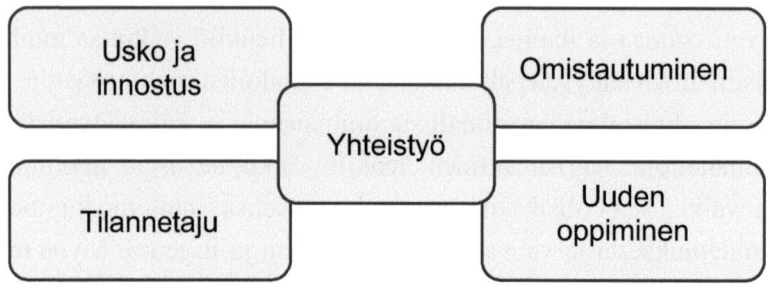

Kuva 5. Intohimon elementit

Aikaansaamisen ja johdonmukaisuuden merkitys

Haastatteluissa tehokkuus korostui, ja se onkin kriittinen tekijä kasvujohtamisessa. Tulosten aikaansaaminen ja johdonmukainen toiminta muuttuvassa ympäristössä ja kasvun eri vaiheissa on kuitenkin yhtä tärkeää. Aikaansaaminen ja johdonmukaisuus yhdessä auttavat johtajaa viemään organisaatiota eteenpäin kestävästi. Menestyneet johtajat tasapainottavat nämä kaksi elementtiä, jolloin syntyy sekä tehokkaita tuloksia että vahva luottamus organisaatioon.

Aikaansaava johtaja keskittyy konkreettisiin tuloksiin. Hän asettaa selkeitä ja mitattavia tavoitteita, tekee strategisia päätöksiä ja siirtää suunnitelmat käytäntöön tehokkaasti. Hänen priorisointitaitonsa, delegointikyvykkyytensä ja valmiutensa oppia virheistä ovat keskeisiä tulosten saavuttamisessa. Hyvä johtaja ymmärtää kuitenkin oman tiedollisen ja taidollisen rajoittuvuutensa ja hyödyntää muiden osaamista tavoitteiden saavuttamisessa.

42

Johdonmukaisuus puolestaan luo organisaatioon luottamusta ja vakautta. Kun johtaja toimii johdonmukaisesti päätöksenteossa ja viestinnässä, työntekijät tietävät mitä odottaa. Vaikka strategioita tai toimintatapoja joudutaan muuttamaan, perustavat arvot ja periaatteet säilyvät. Tämä auttaa erityisesti epävarmoissa ja muutoksentäyteisissä tilanteissa.

Johdonmukaisuus ei kuitenkaan tarkoita joustamattomuutta. Päinvastoin se toimii pohjana, jonka varaan joustavuus ja innovatiivisuus rakentuvat. Tämä tasapaino mahdollistaa sen, että organisaatio säilyttää kilpailukykynsä ja kykynsä sopeutua toimintaympäristön muutoksiin samalla kun sen identiteetti ja arvot pysyvät vahvoina.

Johtaja näyttää esimerkkiä

Tehokkuus ei tarkoita pelkästään pitkää työpäivää tai jatkuvaa kiireen tuntua. Johtajalla on vastuu osoittaa esimerkillään, miten työ ja vapaa-aika tasapainotetaan. Sprinttimäinen työskentely voi olla välillä tarpeen, mutta pitkällä aikavälillä se heikentää sekä tuloksia että hyvinvointia.

Johtajan rooli työntekijöiden motivaation ylläpitämisessä on keskeinen, mutta siihen kuuluu enemmän kuin vain innostaminen. Läsnäolo, avun tarjoaminen ja työntekijöiden tarpeiden ymmärtäminen luovat pohjan tehokkaalle johtamiselle. Johtajan tulee tukea henkilöstöä niin käytännön työssä kuin heidän hyvinvoinnissaan.

Tämä voi tarkoittaa esimerkiksi:
- Henkilökohtaista tukea: Läsnäolo arjessa, jossa johtaja on helposti lähestyttävä ja valmis tarjoamaan apua.
- Sopivasti vastuuta: Mahdollisuuksia osallistua, oppia uutta ja kehittyä uralla, mikä vahvistaa sisäistä motivaatiota.

- Joustavuutta: Henkilökohtaisten tilanteiden, kuten perhetilanteiden, huomioiminen työaikajärjestelyissä.

- Hyvinvointia tukevat edut: Mahdollisuus esimerkiksi kuntosaliharjoitteluun, taukojumppaan tai monipuoliseen ravintoon työpaikalla.

Johtajan oma esimerkki on yhtä tärkeä kuin sanat. Hän ei voi odottaa työntekijöiltä hyvinvointia ja tasapainoa, ellei itse pidä huolta samoista asioista. Ylipitkät työpäivät, jatkuva kiire ja levon laiminlyönti viestivät henkilöstölle, että tällainen käytös on sallittua tai jopa odotettua. Sen sijaan tasapainoinen ja itseään huoltava johtaja voi olla positiivinen malli koko työyhteisölle.

Johtajan tulee olla tietoinen henkilöstön yksilöllisistä tarpeista ja motivaatiotekijöistä. Tämä tarkoittaa, ettei yhtä ratkaisua voida soveltaa kaikkiin. Joillekin autonomia voi olla tärkein motivaatiotekijä, toisille taas tiivis yhteisöllisyys. Kyky kuunnella ja sopeutua erilaisiin tilanteisiin auttaa luomaan työympäristön, jossa jokainen voi saavuttaa potentiaalinsa.

Eräässä valmennuksessa kohtasin perheyhtiön johtajan, joka kantoi yrityksen menestyksen ja oman elintasonsa parantamisen painolastia. Hänen stressinsä vaikutti sekä johtoryhmän työhön että työntekijöiden motivaatioon. Pidimme työpajan, jossa keskityttiin avoimeen keskusteluun ja tunteiden merkitykseen. Johtajan jakama rehellisyys vapautti ilmapiiriä ja edisti yhteisöllisyyttä. Lopputuloksena johtaja oppi jakamaan vastuuta ja toimimaan johdonmukaisesti, mitä seurasi koko organisaation parantunut suorituskyky.

Kasvuyrityksen alussa vauhti on usein hurja, ja kiireessä kehittäminen jää helposti tekemisen varjoon. Tämä vaihe on kuitenkin oppimisen kulta-aikaa, ja opit kannattaa analysoida huolellisesti. Samoin johtamista on syytä tarkastella kriittisesti, jotta samoja virheitä tai te-hottomia johtamistapoja ei toisteta. Erityisen tärkeää on varmistaa, että johtaminen innostaa ja motivoi henkilöstöä.

Kasvuyrityksissä mahdollisuuksia on yleensä paljon, tavoitteet muuttuvat nopeasti, ja henkilöstön näkemykset tekemisen fokuksesta voivat vaihdella - toisinaan jopa ristiriitaisesti. Tämä johtuu usein eri-laisten persoonallisuuksien ja asenteiden vaikutuksesta, mikä heijas-tuu niin työn tekemiseen kuin motivaatioonkin. Kun yrityksessä tun-nistetaan nämä erilaisuudet ja opitaan hyödyntämään niitä, syntyy kullekin tilanteelle paras mahdollinen yhdistelmä tekemisen ja kehit-tämisen näkökulmasta.

Intohimo on avain sitoutumiseen. Siksi on tärkeää olla jatkuvasti tietoinen sekä asiakkaiden että henkilöstön tilanteesta. Tasapainon löytäminen liiketoiminnan kasvun ja henkilöstön hyvinvoinnin välillä on ratkaisevaa molempien menestyksen kannalta.

SUORITUS

Hyvätkään ideat eivät yksinään riitä - menestys rakentuu niiden toteuttamisesta. Suorituksen johtaminen on organisaation tavoitteiden saavuttamisen ydin, ja se yhdistää oikeat resurssit, selkeät tavoitteet, toimivat prosessit ja toimintatavat sekä järjestelmällisen päätöksenteon. Suorittaminen ei ole vain toimintaa, vaan kykyä varmistaa, että tekeminen on mielekästä ja se johtaa mitattaviin ja merkityksellisiin tuloksiin.

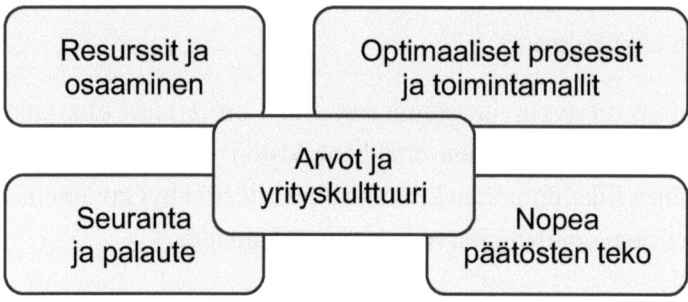

Kuva 6. Suorittamisen elementit

Menetelmät suorituksen tukena

Optimaaliset prosessit ja toimintamallit luovat perustan tehokkuudelle ja jatkuvalle parantamiselle. Hyvin määritellyt prosessit auttavat työntekijöitä ymmärtämään, miten heidän panoksensa liittyy organisaation kokonaisuuteen, ja varmistavat, että suoritukset voidaan mitata ja arvioida selkeästi. Toimintamallien joustavuus puolestaan mahdollistaa sopeutumisen muuttuviin olosuhteisiin ja tukee kasvua.

Resurssien oikea kohdentaminen on kriittinen osa suorittamista. Tämä tarkoittaa, että työntekijöillä on tarvittavat välineet, osaaminen ja aika, jotta he voivat saavuttaa tavoitteensa. Resurssien tehokas käyttö edellyttää myös, että johtaminen perustuu analyysiin ja tietoon. Näin päätöksiä voidaan tehdä nopeasti ja samalla minimoida turhat riskit.

Systematiikka on menestyvän suorittamisen kulmakivi. Systemaattinen lähestymistapa varmistaa, että organisaatio etenee kohti tavoitteitaan johdonmukaisesti ja ennustettavasti. Tämä sisältää jatkuvan palautteen antamisen, tavoitteiden seuraamisen ja tarvittaessa suunnan korjaamisen. Systemaattisuus ei kuitenkaan saa tarkoittaa jäykkyyttä - parhaat organisaatiot pystyvät yhdistämään järjestelmällisyyden ja ketteryyden.

Nopea ja viisas päätöksenteko erottaa menestyvät organisaatiot muista. Suoritukseen kuuluu, että päätöksiä tehdään ajoissa, mutta ei kiirehtien. Tämä vaatii johtajilta kykyä arvioida tilanne nopeasti ja tehdä päätöksiä, jotka tukevat sekä lyhyen että pitkän aikavälin tavoitteita.

Menestyvän suorittamisen tulokset näkyvät paitsi luvuissa myös organisaation kulttuurissa. Hyvä suoritus rakentaa luottamusta, vahvistaa kyvykkyyttä ja motivoi yksilöitä ja tiimejä ylittämään itsensä. Suorittamisen aikana luodaan perustaa tulevalle menestykselle, kun oppiminen ja kokeilut jalostuvat osaksi organisaation kollektiivista tietopääomaa.

Startup-maailman sanonta "Ideas are worthless - only execution matters" kiteyttää kasvuyritysten arjen. Kasvu ja menestys vaativat paitsi hyviä ideoita myös tinkimätöntä toteutusta. Parhaimmillaan suorittaminen yhdistää määrän ja laadun: tekemisen määrän pitää olla riittävää, mutta työn laatu ratkaisee.

Johtajana suorituksen tukeminen vaatii johdonmukaisuutta, prosessirakkautta ja kykyä olla oikeudenmukainen mutta inhimillinen. Kun johtaja ymmärtää oman roolinsa suorittamisen mahdollistajana - resurssien järjestäjänä, suunnan näyttäjänä ja päätöksentekijänä - koko organisaatio hyötyy. Lopulta vain tekeminen vie organisaation tavoitteisiin, ja parhaat tulokset syntyvät, kun suoritusta ohjaa systemaattisuus, selkeys ja päättäväisyys.

Oikeat toimenpiteet

Kasvuyrityksissä tasapainon löytäminen suunnitelmallisuuden ja toiminnan välillä on ratkaisevaa. Usein keskitytään tekemiseen ja painetaan kovaa vauhtia eteenpäin. Samalla on kuitenkin riski unohtaa suunnitelmien ajankohtaisuus jaa suuremmat tavoitteet. Toisaalta liiallinen keskittyminen peliliikkeiden suunnitteluun voi viedä rohkeuden varsinaiselta toiminnalta.

Liian kapea-alainen tarkastelu omaan liiketoimintaan saattaa kaventaa näköalaa ja jättää huomiotta ympäristön liikkeet ja mahdollisuudet. Tämä voi näkyä esimerkiksi uusille markkinoille laajentumisessa: jos markkinoille lähdetään ilman selkeää suunnitelmaa, ongelmat voivat realisoitua teknisenä velkana, asiakaspalvelun ylikuormittumisena tai myyntiprosessien takkuamisena. Laajentuminen ei ole virheliike, mutta ilman huolellista valmistelua riskit kasvavat merkittävästi.

Skaalaamisessa oikea-aikaisuus on kriittistä. Houkutus panostaa massiivisesti markkinointiin tai myyntitiimin kasvattamiseen voi olla suuri, erityisesti sijoitusrahan ollessa käytettävissä. Jos skaalaamista ei ole suunniteltu eikä sille ole asetettu selkeitä tavoitteita, seurauksena voi olla asiakashankintakustannusten karkaaminen käsistä, asiakastyytyväisyyden heikkeneminen ja jopa vanhojen asiakkaiden menettäminen. Tämä johtuu usein resurssien riittämättömyydestä tai siitä, ettei tuote ole vielä valmis laajamittaiseen myyntiin.

Johtajan rooli on nähdä kokonaisuus ja priorisoida. Kasvuyrityksessä kiire asettaa johtajalle valtavan paineen tehdä valintoja. Mitä asioita voi tarkastella nopeasti, ja mitkä vaativat syvempää perehtymistä? Johtajan ei tarvitse olla kaikkien yksityiskohtien asiantuntija, mutta hänen tulee ymmärtää, millaista osaamista yritys tarvitsee, ja rekrytoida oikeat ihmiset oikeisiin tehtäviin. Näille ihmisille on tärkeää antaa mahdollisuus tehdä itsenäisiä päätöksiä ja rakentaa luottamusta.

Erottautuminen ja menestyminen edellyttävät tasapainoa. Pyörää ei aina tarvitse keksiä uudelleen, mutta erottautuminen on kasvun edellytys. Markkinoilla menestytään tunnistamalla, missä kannattaa olla erilainen ja missä taas on tehokkaampaa seurata jo testattuja malleja. Erottautuminen voi ilmetä uudessa tuotteessa, palvelussa tai toimintatavassa. Samalla on tärkeää seurata markkinoiden kehitystä laaja-alaisesti ja olla valmis oppimaan muilta, myös muilta toimialoilta.

Yhdessä onnistuminen

Kyvykkyys, omaehtoisuus ja yhteisöllisyys ovat onnistuneen organisaation kivijalka. Oikeat ihmiset, oikeat tehtävät ja oikea toimintamalli takaavat organisaation joustavuuden, tehokkuuden ja innovatiivisuuden. Nämä tekijät eivät toimi erillään, vaan vahvistavat toinen toisiaan. Johtajan tehtävä on rakentaa ja ylläpitää tätä kolmiyhteyttä, jotta yritys voi vastata haasteisiin ja saavuttaa tavoitteensa.

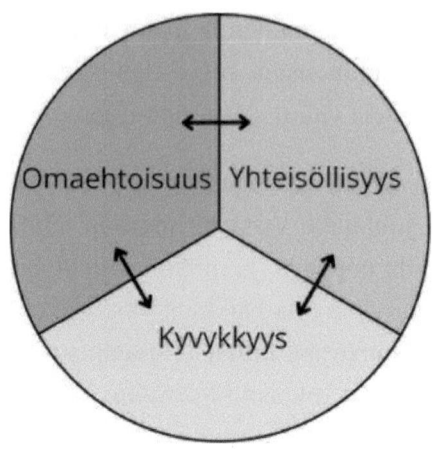

Kuva 7. Organisaation perustarpeet

Kyvykkyys tarkoittaa organisaation ja sen jäsenten osaamista, tietoa, taitoja ja valmiuksia suorittaa tehtäviään tehokkaasti ja innovatiivisesti. Ilman tarvittavia kykyjä organisaatio ei pysty saavuttamaan tavoitteitaan tai kilpailemaan markkinoilla. Kyvykkyys on perusta laadukkaalle toiminnalle ja prosessien jatkuvalle parantamiselle.

Omaehtoisuus viittaa yksilöiden ja tiimien kykyyn toimia itseohjautuvasti, tehdä päätöksiä ja kantaa vastuuta omasta työstään ja sen tuloksista. Kun organisaation jäsenet kokevat, että heillä on autonomiaa, he ovat motivoituneempia ja sitoutuneempia. Tämä lisää luovuutta ja ongelmanratkaisukykyä, koska työntekijät voivat tehdä päätöksiä ilman jatkuvaa ulkopuolista ohjausta.

Yhteisöllisyys tarkoittaa organisaation jäsenten kokemusta yhteenkuuluvuudesta, yhteistyöstä ja yhteisten tavoitteiden jakamisesta. Yhteisöllisyys lisää sitoutumista ja parantaa organisaation kulttuuria, mikä tukee avointa tiedonvaihtoa ja mahdollistaa synergian tiimien välillä. Kun työntekijät kokevat kuuluvansa merkitykselliseen yhteisöön, he ovat valmiimpia jakamaan osaamistaan ja tukemaan toisiaan.

Yhteisöllisyys ei synny sattumalta, vaan vaatii tietoisia toimenpiteitä. Yksi merkittävimmistä elementeistä on psykologisesti turvallisen ympäristön rakentaminen. Psykologinen turvallisuus tarkoittaa sitä, että työntekijät voivat luottaa tulevansa kuulluiksi ja arvostetuiksi. He uskaltavat pyytää apua ja tuoda esiin myös epäkohtia ilman pelkoa negatiivisista seuraamuksista. Kun työntekijät kokevat, että heillä on lupa olla avoimia, heidän motivaationsa, sitoutumisensa ja yhteinen ongelmanratkaisukykynsä vahvistuvat. Tämä lisää sekä yhteenkuuluvuuden tunnetta että organisaation kykyä oppia ja kehittyä jatkuvasti.

Rekrytoinnissa ja organisaation johtamisessa psykologiset perustarpeet huomioidaan yllättävän harvoin. Henkilöstöjohtamisen näkökulmasta keskeisiksi tekijöiksi nousevat kyvykkyys, mahdollisuudet vaikuttaa ja toteuttaa itseään sekä yhteenkuuluvuuden tunne. Tämä edellyttää henkilöiden arvostamista, oikea-aikaista palautetta ja virheistä oppimista. Näiden tarpeiden todellinen huomioiminen tehtävien järjestelyssä jää usein puolitiehen.

Johtaminen on strategista tasapainoilua. Kasvuyrityksen johtajan on osattava siirtyä yksityiskohtien asiantuntijasta strategisen tason johtajaksi. Tämä tarkoittaa kykyä suunnitella, tehdä päätöksiä oikea-aikaisesti ja johtaa organisaatiota kohti menestystä, ilman että kiire ja paineet hämärtävät kokonaiskuvaa.

Case väärä suorittaminen

Esimerkkinä suorituksen haasteellisuudesta toimii yritys, jonka kanssa tein yhteistyötä. Yrityksen alkuvaiheessa suorituksen tärkeys oli osattu tunnistaa oikein. Perustamisvaiheesta lähtien yrityksen suunta oli selkeä, ja toteutus seurasi tunnettua polkua. Tarkoituksena oli ottaa mallia menestyvien yritysten liiketoimintamalleista, toteuttaa ne tehokkaammin ja näin nostaa yrityksen markkina-arvoa. Lopulta yritys oli tarkoitus myydä voitolla. Alussa koko tiimi oli innostunut, mutta kun tuloksia ei tullut nopeasti, suorittaminen jäi yhden henkilön harteille.

Tämä on valitettavan yleinen haaste startupeissa - ryhmä kavereita perustaa yrityksen, ja aluksi ajatellaan, että kaikki tuovat siihen arvokkaan panoksen. Hetken päästä vain vastuuntuntoisimmat vievät yritystä eteenpäin, kun taas toiset odottavat voittoja ilman lisäsijoituksia tai merkittävää työpanosta.

Tämä turhautuminen johti siihen, että yksin töitä paiskiva työmyyrä jäi jumiin omaan suoritukseensa. Kun olisi pitänyt uudistaa ja muuttaa suuntaa, muilta osakkailta tuli avun sijaan pelkkää painetta ja yrityksen toiminta keskittyi sokkona liiketoiminnan lisäämiseen. Silkalla suorittamisella päästiin hyvään alkuun, mutta siitä olisi pitänyt osata irtautua oikealla hetkellä.

Yksittäinen tekijä ei osannut muokata työn tekemistä omin avuin, joten yrityksen vahva alku kääntyi osakkaiden väliseksi riitelyksi. Omistajien odotukset eivät vastanneet toisiaan ja pian edessä oli vaihtoehtoina joko yrityksen lakkauttaminen tai sen myynti. Osa omistajista odotti suuria voittoja, minkä vuoksi yritykselle asetettiin epärealistisen korkea hinta. Tämän seurauksena ulkopuolisen ostajan löytäminen oli mahdotonta, ja paineet kasvoivat entisestään. Lopulta yksinäinen tekijä päätyi ostamaan muut omistajat pois, vaikka se ei ollut alun perin tarkoituksena.

Yrityksen on tärkeää arvioida toimintatapojaan jokaisessa vaiheessa. Vaikka alun kasvuvaiheessa suorituksella on merkittävä rooli, toiminta on osattava järkiperäistää. Yrityksen olisi jo alkuvaiheessa pitänyt varmistaa kaikkien työpanos ja roolit sekä päivittää yrityksen suunta ja toimintatavat säännöllisesti. Pelkällä suorittamisella voi helposti ajaa itsensä loppuun, jolloin intohimo katoaa ja uudistuminen käy mahdottomaksi.

UUDISTUS

Uudistus on jokaisen yrityksen, organisaation ja yksilön kasvun ytimessä. Se luo perustan kestävälle menestykselle ja hyvinvoinnille. SISU-mallin lähestymistavassa uudistus pitää sisällään sekä normaalityön ohessa tehtävät kehittämisaktiviteetit että suuremmat strategiset suunnan muutokset. Uudistus luo uskoa tulevaisuuteen ja kannustaa työntekijöitä kehittymään ja pysymään motivoituneina. Kasvuyrityksessä uskalletaan ottaa riskejä, kokeilla ja oppia virheistä kasvun ja menestyksen edistämiseksi.

Uudistus kiteytyy neljään keskeiseen elementtiin: ennakointiin, sopeutumiseen, omaksumiseen ja soveltamiseen sekä uuden luomiseen. Nämä elementit eivät ole vain reaktiivisia keinoja selviytyä, vaan ennakoivia toimenpiteitä, jotka luovat kilpailuetua, menestystä, hyvinvointia ja kestävää kasvua.

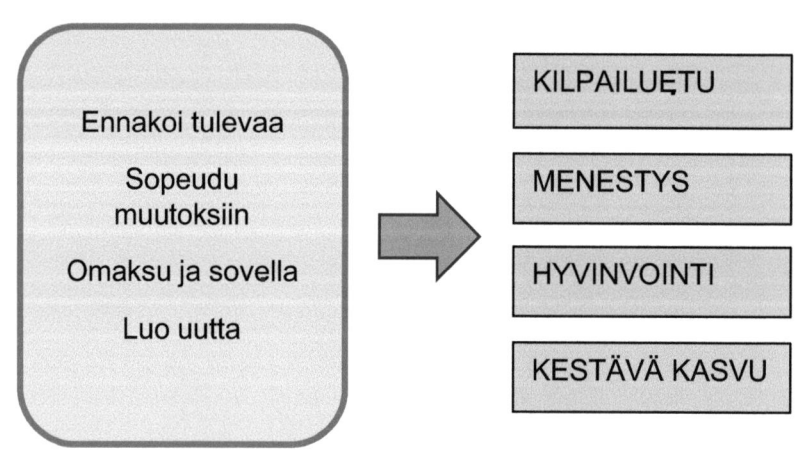

Kuva 8. Uudistus kilpailukyvyn edistäjänä

Ennakointi on uudistuksen lähtökohta. Se vaatii herkkää korvaa markkinoille, muutostrendien tunnistamista ja kykyä nähdä mahdollisuuksia siellä, missä muut näkevät riskejä. Ennakoinnin kautta organisaatiot voivat varautua ajoissa, tehdä strategisia valintoja ja kehittää resurssejaan tulevaisuuden tarpeita varten.

Sopeutuminen edellyttää joustavuutta ja kykyä säilyttää toimintakyky nopeasti muuttuvissa tilanteissa. Se mahdollistaa toimintatapojen ja tavoitteiden muokkaamisen tilanteeseen sopivaksi, säilyttäen kuitenkin strategisen fokuksen.

Omaksuminen ja soveltaminen tarkoittavat uusien tietojen, taitojen ja teknologioiden hyödyntämistä konkreettisiksi ratkaisuiksi. Tämä vaatii rohkeutta kokeilla, oppia virheistä ja muokata toimintaa jatkuvasti.

Uuden luominen on uudistamisen huipentuma. Se tarkoittaa arvoa tuottavien innovaatioiden kehittämistä – oli kyseessä sitten uusi tuote, palvelu, prosessi tai liiketoimintamalli. Uuden luominen edellyttää luovaa ajattelua, riskinsietokykyä ja visionääristä johtamista.

Kun ennakointi, sopeutuminen, omaksuminen ja soveltaminen sekä uuden luominen yhdistyvät organisaatiossa, syntyy ainutlaatuinen kilpailuetu. Näiden elementtien ansiosta organisaatiot pystyvät vastaamaan maailman muuttuviin tarpeisiin tavalla, joka mahdollistaa menestyksen ja luo hyvinvointia ja kestävää kasvua.

Tässä muutama esimerkki eri tason uudistuksista:

Energia-alan murros ja uusiutuvat energialähteet

Yritys, joka ennakoi siirtymää fossiilisista polttoaineista uusiutuviin energialähteisiin, voi ajoissa investoida aurinko- ja tuulivoimaratkaisuihin. Tällainen ennakointi avaa ovet uusille markkinoille ja mahdollistaa aseman vakiinnuttamisen ympäristötietoisena markkinajohtajana. Lopputuloksena on sekä liiketoiminnan kasvu että kestävän kehityksen mukainen toimintamalli, joka houkuttelee asiakkaita ja sijoittajia.

Uber ja liikenteen palvelut

Uber mullisti perinteisen taksiliiketoiminnan tuomalla markkinoille alustan, joka yhdistää kuljettajat ja matkustajat. Tämä uusi toimintamalli synnytti kokonaisen "jakamistalouden" ekosysteemin. Innovaatio toi merkittävää kasvua Uberille ja vaikutti pysyvästi liikenteen toimialaan globaalisti.

Asiakaspalautteen hyödyntäminen

Keskikokoinen teknologia-alan yritys alkoi kerätä systemaattisesti asiakaspalautetta ja otti käyttöön nopean iteroinnin mallin tuotteidensa kehittämiseksi. Tämä pieneltä vaikuttava uudistus johti merkittävästi parantuneeseen asiakastyytyväisyyteen ja kasvatti yrityksen markkinaosuutta.

Johtajan rooli uudistuksessa on luoda ilmapiiri, jossa ideat ja ongelmat voidaan tuoda esiin avoimesti ja turvallisesti. Virheet tulee nähdä oppimisen mahdollisuuksina, ei syytöksinä. Samalla on tärkeää huolehtia henkilöstön jaksamisesta ja varautua haasteisiin, kuten stressiin, pettymyksiin tai ristiriitoihin. Esimerkin näyttäminen niin hyvinä kuin huonoina aikoina auttaa luomaan luottamusta ja yhteenkuuluvuuden tunnetta.

Kilpailukyvyn ylläpitäminen

Kilpailukyvyn ylläpitäminen edellyttää toimialan aktiivista seurantaa, jatkuvaa toiminnan kehittämistä ja uudistumista. Kasvuyritykset näkevät usein ympärillään mahdollisuuksia ja arvioivat omaa kykyä toimia edelläkävijänä. Yritysten ja organisaatioiden tulee analysoida ja priorisoida vaihtoehtoja tehokkaasti sekä hyödyntää tilaisuudet oikea-aikaisesti, vaikka ne sisältäisivät epävarmuutta. Tämä edellyttää valmiutta astua mukavuusalueen ulkopuolelle ja kokeilla rohkeasti uusia ratkaisuja, mikä avaa tien innovaatioihin ja vahvistaa kilpailuetua.

Kilpailukyky vahvistuu erityisesti silloin, kun henkilöstö osallistuu kehittämiseen ja innovointiin. Kun työntekijät kokevat olevansa osa yrityksen menestystarinaa, heidän sitoutumisensa ja uskonsa tulevaisuuteen kasvaa. Tämä tukee organisaation tavoitteita, parantaa työhyvinvointia ja rakentaa yhteistä menestystarinaa.

Uudistuminen ei ole pelkkää reagointia, vaan aktiivista ennakointia ja johtamista. Se rakentaa pohjan yrityksen pitkän aikavälin kasvulle ja menestykselle.

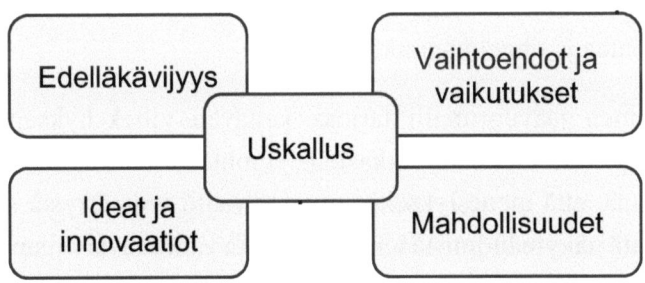

Kuva 9. Uudistamisen elementit

Muutoksen johtaminen

Muutosjohtamisesta on puhuttu paljon viimeisten vuosikymmenien aikana. Uutisoinnissa on korostunut muutosneuvotteluiden negatiivisuus, mikä on osaltaan aiheuttanut pelkoa ja huolta. Johtaja voi odottaa vastarintaa ja kokea tilanteen hankalaksi. Muutosjohtaminen on muutakin kuin henkilöstön vähentämiseen liittyvät neuvottelut ja tämä aika on täynnä mahdollisuuksia. Meidän tulee oppia johtamaan kaikkia tilanteita, riippumatta kasvun luonteesta, tasosta, vaiheesta tai mahdollisista seurauksista. Tämänkin vuoksi vahva yrityskulttuuri ja luottamus ovat avainasemassa myös muutostilanteissa.

Onnistunut muutos vaatii hyvää johtamista, jolla varmistetaan töiden sujuvuus ja tuloksellisuus muutoksen aikana ja sen jälkeen. Valitettavan usein teho laskee muutoksen aikana, kun ilmassa on epätietoisuutta ja epäilystä. Avoimuus ja korostunut viestintä syistä ja prosessin etenemisestä onkin erittäin tärkeää.

Muutosjohtajuus on muutoksen suunnan määrittämistä, ihmisten johtamista valittuun suuntaan, sekä muutokseen osallistuvien motivaation kasvattamista. Muutosta on johdettava systemaattisesti, mikä tarkoittaa muutokseen liittyvää suunnittelua, organisointia, budjetointia, valvontaa ja ongelmanratkaisua.

Perinteinen jäävuorimalli tarjoaa kattavan viitekehyksen, jonka avulla organisaatiot voivat tarkastella ja johtaa muutosta tehokkaasti. Se korostaa, että menestyksekäs muutos vaatii ymmärrystä sekä näkyvistä että näkymättömistä tekijöistä, jotka vaikuttavat organisaation toimintaan.

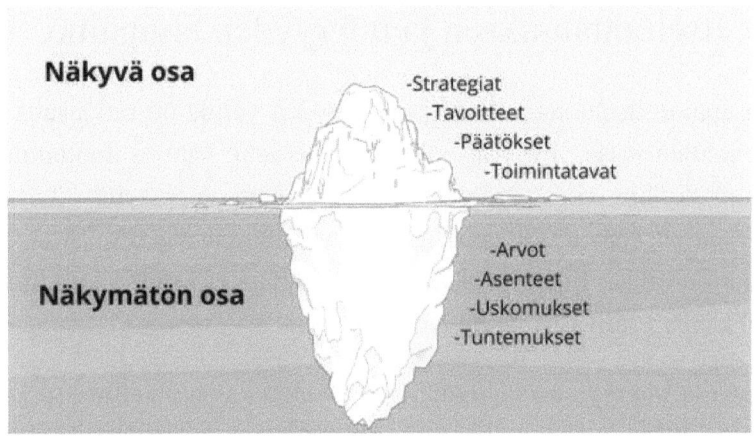

Kuva 10. Jäävuorimalli toimintaan vaikuttavista tekijöistä

Johtamisen ja yrityskulttuurin näkökulmasta katsottuna helposti havaittavia asioita ovat selkeästi viestityt strategiat, tavoitteet, organisaatiorakenteet, säännöt, toimintatavat ja päätökset. Sen sijaan näkymättömissä ovat yksilön arvot, uskomukset ja asenteet, jotka ohjaavat käyttäytymistä sekä tuntemukset ja motivaatiot, jotka vaikuttavat päätöksiin ja vuorovaikutukseen muiden kanssa.

Johtajien tulisi olla tietoisia omista näkymättömistä uskomuksistaan ja arvoistaan ja pyrkiä kommunikoimaan niitä avoimesti. Lisäksi heidän on tärkeää kuunnella aidosti työntekijöitä ja ymmärtää, miten heidän päätöksensä koetaan organisaation eri tasoilla. Vaikka puhutaan näkymättömistä asioista, vaikuttavat ne kuitenkin päivittäisessä toiminnassa.

Yrityskulttuuria kehittäessä on tärkeää paitsi selkeyttää näkyviä tekijöitä myös tehdä näkymättömästä näkyvää. Tämä voi tarkoittaa esimerkiksi henkilökohtaisten arvojen selvittämistä ja niiden sovittamista yrityksen arvoihin.

Itseluottamuksen ja nöyryyden tasapaino

Tasapaino itseluottamuksen ja nöyryyden välillä on ratkaiseva tekijä johtamisessa. Kasvun johtaminen vaatii vahvaa luottamusta omiin kykyihin, visioon ja päätöksiin. Johtajan on pystyttävä näyttämään suunta epävarmoissa tilanteissa ja vakuuttamaan tiimi siitä, että suunta on oikea. Ilman itseluottamusta johtaja ei kykene toimimaan tehokkaasti vaativassa ympäristössä.

Samalla nöyryys on välttämätöntä. Muuttuvassa maailmassa kohtaamme jatkuvasti uusia haasteita ja tuntemattomia tilanteita. Liika itseluottamus voi johtaa ylimielisyyteen, joka heikentää johtajan uskottavuutta ja organisaation toimivuutta. Ylimielinen johtaja on usein etäinen ja pelottava, mikä tukahduttaa avoimen vuorovaikutuksen ja innovatiivisuuden. Virheet ja vastoinkäymiset kuuluvat johtamiseen, ja niistä oppiminen edellyttää nöyryyttä ja kykyä kuunnella muita.

Pelon vaikutukset johtamisessa ovat haitallisia. Jos johtaja käyttää pelkoa vallan välineenä, organisaatio saattaa kärsiä pitkäkestoisia vahinkoja. Lyhyellä aikavälillä pelolla johtaminen voi näyttää tehokkaalta, mutta se vähentää työntekijöiden sitoutumista, lisää vaihtuvuutta ja heikentää työyhteisön ilmapiiriä. Pelolla johtava henkilö voi tehdä hyviä liiketoimintapäätöksiä, mutta ilman vahvaa ja motivoitunutta tiimiä pitkän aikavälin menestystä ei saavuteta.

Itseluottamuksen sudenkuopat liittyvät siihen, että menestys voi sokaista johtajan. Yli-itsevarmuus voi estää itsetarkastelun, lisätä muiden syyttelyä ja vähentää avoimuutta palautteelle. Nöyrä johtaja sen sijaan tunnistaa omat rajansa, myöntää virheensä ja etsii ratkaisuja yhteistyössä muiden kanssa. Tämä vahvistaa tiimin luottamusta ja sitoutumista.

Tasapainoinen johtamistapa antaa työntekijöille tilaa tehdä omaa työtään ja hyödyntää osaamistaan. Vapaus ja vastuu kulkevat käsi kädessä, mutta yritys ei ole demokratia - johtajan on tehtävä selväksi, mitkä päätökset kuuluvat kenelle. Mikromanageeraus ja tarpeeton puuttuminen työntekijöiden työhön voi tukahduttaa heidän itsenäisyytensä, mutta avoin vuorovaikutus auttaa korjaamaan tilanteita.

Hyvä johtaja osaa tasapainottaa itseluottamuksen ja nöyryyden, antaa työntekijöille tilaa onnistumiseen ja oppimiseen sekä varmistaa, että organisaatio toimii yhteisten tavoitteiden mukaisesti. Liika itseluottamus ja pelolla johtaminen vaarantavat yrityksen pitkän aikavälin menestyksen, mutta avoimuus, kuuntelu ja nöyryys rakentavat kestävää kasvua ja menestystä.

SISU liiketoiminnan johtamisessa

Tässä kirjassa on mainittu esimerkkejä johtamisen haasteista ja ristiriidoista. Paradoksien kanssa tasapainoiluun ei ole yhtä tapaa, joka toimii kaikille. Johtajan pitää löytää omat tapansa paitsi johtaa myös tarkastella johtamisen ristiriitoja. Ajoitus on keskeinen tekijä, kun täytyy päättää, mitä kulloinkin painottaa. Toisinaan tehokkuuden korostaminen hyvinvoinnin kustannuksella on perusteltua, jotta kokonaisuudet saadaan hoidettua, mutta tämän jälkeen työntekijöille varataan aikaa hyvinvointiin ja itsensä kehittämiseen. On tärkeää kehittää tilannetajua ja tunneälyä, jotta osaa toimia eri tilanteissa ja pelata paradoksien kentässä.

SISU-malli on luotu helpottamaan johtamista liiketoiminnan eri vaiheissa yrityksen ja henkilöstön hyvinvoinnin ja menestyksen saavuttamiseksi.

- Selkeä suunta herättää luottamusta sekä liiketoimintaan että johtamiseen. Miksi olemme olemassa, missä pelikentässä toimimme ja miten asemoidumme siinä?

- Intohimo on avain sitoutumiseen. Kuinka pidämme yllä motivaatiota ja tyytyväisyyttä?

- Optimaalinen suoritus edesauttaa onnistumista. Millainen toiminta edesauttaa tavoitteisiin pääsyä ja tuloksellisuutta kestävästi?

- Uudistusta tarvitaan kasvun ja kehityksen ajuriksi. Kuinka luomme uskoa tulevaisuuteen ja varmistamme oikeat toimenpiteet?

	ANALYSOI ARVIOI ENNAKOI	VALITSE KEHITÄ TUE
SUUNTA -> luottamus	YMPÄRISTÖ KILPAILU RESURSSIT	TARKOITUS KILPAILUETU FOKUS
INTOHIMO -> sitoutuminen	ASIAKAS HENKILÖSTÖ MIELEKKYYS	OSALLISTAMINEN OMAEHTOISUUS JOUSTAVUUS
SUORITUS -> onnistuminen	TAVOITTEET TOIMINTATAVAT HYVINVOINTI	PROSESSIT JA TYÖKALUT PÄÄTÖKSENTEKO ESIHENKILÖTYÖ
UUDISTUS -> usko tulevaisuuteen	SKENAARIOT MUUTOKSET RATKAISU- KESKEISYYS	OPPIMINEN KEHITYSTOIMET MUUTOKSEN JOHTAMINEN

Kuva 11. Suunta, intohimo, suoritus ja uudistus kasvun edistäjänä

3. KASVUN EDELLYTYKSET

Rakastan...

Sitä hetkeä, kun löydämme yhdessä yhteisen vision ja innostumme siitä sydän täynnä intoa. Sitä kipinää silmissä ja lapsenomaista uskoa siihen, että kaikki on mahdollista. Kun tiimi kokoontuu ja päätämme yksissä tuumin lähteä rakentamaan menestystarinaa - yhdessä kohti suuria tavoitteita, päättäväisyydellä ja rohkeudella.

Sitä mahtavaa fiilistä, jonka adrenaliini tuo mukanaan, kun pitkien päivien ja valvottujen öiden jälkeen saamme projektin maaliin. Onnistumisen riemua, kun asiakkaat innostuvat tuotteesta ja se saa siivet alleen. Helpotuksen tunnetta, kun ensimmäiset palautteet ovat myönteisiä ja kannustavat kehittämään lisää.

Riskinoton kutkuttavaa jännitystä. Uusien vaihtoehtojen tutkimista, valintojen tekemistä ja rohkeita kokeiluja. Onnistumisia - ja välillä myös epäonnistumisia - jotka molemmat kasvattavat ja opettavat.

Sinnikkyyttä, joka sitoo meidät yhteen ja kannustaa hakemaan tuloksia nopeammin kuin uskalsimme odottaa. Toistemme tsemppaamista, kun usko meinaa horjua, ja sitä lämpöä, joka syntyy riitojen sopimisen jälkeen. Yhteisiä onnistumisia, uusien asioiden luomista ja jatkuvaa kasvua.

Juuri näin voisi innostunut kasvujohtaja kertoa tarinaansa. Tällainen syvä intohimo - vaikkei sitä yleensä nimitetäkään rakkaudeksi - nousi esiin myös haastatteluissamme. Unelmat, luottamus, ja tekemisen meininki toistuivat jatkuvasti. Kasvun alkuvaiheessa tunnelmat vaihtelevat nopeasti, ja kaiken hyvän rinnalla epätietoisuus voi tuoda haasteita ja voimakkaita tunteita. Tunneäly onkin kasvun ja johtamisen perusta. Herää kysymys: miten hyvin nykyiset kasvujohtajamme hallitsevat tämän taidon?

Millaista johtamista tarvitsemme

Haastattelimme tätä kirjaa varten yli kahtakymmentä suomalaista yritysjohtajaa, joilla kaikilla on kokemusta kasvun johtamisesta - osalla maltillisemmasta, osalla voimakkaammasta. Jos nämä keskustelut tiivistäisi yhteen lauseeseen, se kuuluisi näin: Ei ole yhtä oikeaa tapaa johtaa kasvua, mutta tietyt teemat toistuvat alasta ja johtajasta riippumatta - usko, kovien tavoitteiden asettaminen, luottamus ja epävarmuuden sieto.

Johtajuus saattaa näyttää yksinkertaiselta, mutta kovan kasvun tavoittelussa se on usein haastavaa. Kasvun vauhti on niin nopea, ettei kaikkea ehdi huomioida. Haastateltavat analysoivat omaa johtamistaan vaihtelevasti - osa nosti esiin merkityksellisiä johtamisen elementtejä, jotka eivät välttämättä aina konkretisoidu arjessa. Osa oli itseoppineita johtajia, jotka olivat rakentaneet omalle tyylilleen sopivan tavan toimia esimerkiksi lukemalla ja kokeilemalla. Näille kasvujohtajille on tyypillistä käytännönläheisyys, mutta samalla heidän johtamisessaan voi näkyä mittarien ja systemaattisuuden puutetta. Tämä tuo epävarmuutta siitä, miten johtaja todella toimii ja miten tilanteita tulisi käsitellä. Huono johtajuus voi pysyä piilossa, kunnes kriisit tai suuret muutokset tuovat johtajuusongelman esiin.

Johtajuuden pehmeät elementit nousivat vahvasti esille. Moni haastateltava ihannoi arvojohtajia ja toi esiin tunneälyn merkityksen.

Vaikka perinteisempiä "koviakin" termejä, kuten metsästys- ja peli-vertauksia, käytettiin, tiedostettiin, että menestyvä johtajuus vaatii yhä enemmän inhimillisyyttä. Uskomme, että tunneäly ja yhteisen edun tavoittelu korostuvat tulevaisuudessa entisestään myös neuvot-teluissa ja päätöksenteossa.

Usein kasvujohtaja mielletään karismaattiseksi ja ylivertaiseksi san-karihahmoksi, mutta todellisuudessa kasvun johtamisessa voivat on-nistua hyvinkin monenlaiset persoonat. Kasvujohtajuus vaatii ennen kaikkea vahvaa itsetuntoa, rohkeutta, kunnianhimoa ja luottamusta omaan toimintaan ja tiimiin. Tämä luottamus rakentuu uskosta siihen, että yrityksen tuote ja toimintatavat ovat parasta, mitä markkinoilla on tarjota - ja että tiimi voi tehdä asiat vielä paremmin. Suunnitelmal-lisella toiminnalla tämä ei ole perusteetonta optimismia, vaan realis-tista uskoa, joka kantaa myös haastavina hetkinä.

Kasvun johtaminen ei myöskään ole vain tavoitteiden asettamista, vaan myös syvää välittämistä: itsestä, muista, yrityksestä ja ympäris-töstä. Se tarkoittaa vastuunkantoa, rehellisyyttä ja oikeudenmukai-suutta, mutta myös rohkeutta tehdä raskaita päätöksiä, kun tilanne sitä vaati. Johtajan rooli on yhtä aikaa vaativa ja välittävä - hän asettaa kovat tavoitteet, mutta tukee tiimiä niiden saavuttamisessa.

Kaikkien haastatteluiden punaisena lankana kulki luottamus. Se on kasvun perusta, ja sen on ulotuttava yrityksen joka tasolle. Luottamus on kaksisuuntainen tie. Johtaja, joka osoittaa luottavansa tiimiinsä ja heidän kykyynsä toimia, antaa heille tilaa kasvaa ja ottaa vastuuta. Samalla tämä rakentaa myös vastavuoroista luottamusta. Mikäli vas-tuut ja velvoitteet laiminlyödään, luottamus rapautuu nopeasti - puo-lin ja toisin. Johtajan tulee siis jatkuvasti punnita päätöstensä vaiku-tuksia ja arvioida, miten hänen toimintansa heijastuu tiimiin ja yrityk-seen.

Tilannetaju, pelisilmä ja läsnäolo muodostavat perustan inhimilliselle ja vaikuttavalle johtajuudelle. Ne auttavat johtajaa reagoimaan viisaasti monimutkaisissa tilanteissa ja tunnistamaan tulevaisuuden mahdollisuudet. Ne ovat myös avaintekijöitä organisaation positiivisen ilmapiirin rakentamisessa ja säilyttämisessä.

Haastattelut kiteytyivät kolmeen laajaan teemaan:

1. Halua kasvaa ja olla paras. Tämä luo pohjan kaikelle.
2. Konkreettiset kasvun rakennuspalikat. Ne määrittävät, miten organisaation tulee toimia kasvaakseen nopeasti.
3. Kasvun kulttuuri. Yksikään johtaja ei rakenna kasvua yksin - se on tiimin yhteisten ponnistusten tulos.

Vaikka tavoitteiden asetanta ja tulosten mittaaminen ovat kasvun avainasioita, tämä kirja ei ole käsikirja myyntiputkien hiomiseen. Tämän tarkoitus on tarkastella kasvua laajemmasta näkökulmasta: johtamisen arvoja, käytäntöjä ja emotionaalisia edellytyksiä.

Halu kasvaa

Yrityksillä on erilaisia tarkoituksia: osa haluaa listautua nopeasti, osa haluaa muuttaa maailmaa, ja osalle yrittäjyys voi olla elämäntapa. Myös kasvuyhtiöt ovat kirjavia perustajajoukoiltaan, tavoitteiltaan ja syntytarinoiltaan. Yksi asia yhdistää yleensä kaikkia kasvuyhtiöitä: halu kasvaa, halu olla maailman paras. Kaikki muu on alisteista halulle: jos halua kasvuun on, keinot löytyvät. Kun haastateltavia pyydettiin arvioimaan kasvuhalukkuuden merkitystä yrityksen menestymisessä, arviot vaihtelivat 30–50 % välillä.

Voimakas kasvu edellyttää kovia tavoitteita, selkeää suuntaa ja ylivoimaista tuotetta. Halu kasvuun voi syntyä monella tavalla - sisäänrakennetusta hulluudesta tai yksinkertaisesti pakosta. Moni yritys huomaa matkan varrella häviävänsä toistuvasti isoille kilpailijoille. Silloin on kolme vaihtoehtoa: kuolla pois, erikoistua pienen osa-alueen ja rajatun asiakasryhmän palveluun - tai kasvaa.

Halu kasvaa liittyy usein haluun olla edelläkävijä. Monet kasvavat yritykset ja niiden johtajat saavat energiaa vaikeiden asioiden tekemisestä: siitä, että he saavat jonkin teknologian toimimaan ensimmäisinä maailmassa, pääsevät näkemään uutta ennen muita tai voittavat tärkeitä asiakkuuksia käyttäjäystävällisemmällä tuotteella. Edelläkävijän tie ei kuitenkaan ole helppo: ei voi olla varma onko oma visio tulevaisuutta vai haihattelua.

"Tehdään jotain suurta, tehdään jotain hienoa, tehdään jotain sellaista mikä todella muuttaa maailmaa." Jussi Hurskainen, Valamis

Kunnianhimo ajaa eteenpäin, vaikka onnistumisen todennäköisyys on matala. Siihen kietoutuu halu saavuttaa ja rakentaa jotain itse - ja ehkä myös etäinen toive taloudellisesta menestyksestä.

Suomesta ponnistaessa halu kasvaa edellyttää useimmiten myös halua kansainvälistyä. Suomea voi toisinaan käyttää testimarkkinana, mutta yhä useammin yrityksen on oltava valmis kansainvälistymään ensimmäisestä päivästä lähtien. Tämä koskee niin tiimin kokoonpanoa kuin prosessien suunnitteluakin.

Kun suuryrityksissä asetetaan vuosikasvutavoitteita, ne lasketaan usein nykypanostuksiin peilaten. Jos teemme asiat suunnilleen samalla tavalla kuin tänä vuonna, millaista kasvua voimme odottaa? Pitääkö jotakin toiminta-aluetta tehostaa? Ja kun näihin kasvutavoitteisiin päästään, ollaan tyytyväisiä.

Kasvuyrityksen ja kasvua hakevan johtajan täytyy kuitenkin ajatella isommin. Oikea kysymys on: kuinka paljon olisi voitu kasvaa, jos asiat olisi tehty paremmin kuin nyt - ei samalla tavalla kuin nyt? Suuret tavoitteet pakottavat luomaan aidosti uudenlaista toimintaa ja keksimään laatikon ulkopuolelta uusia reittejä tavoitteiden saavuttamiseksi. Kasvupolun ei tarvitse olla sellainen, jonka toiseen päähän tietää pääsevänsä. Tavoitteen pitäisi olla niin kova, että sen saavuttaminen edellyttää kaiken onnistumista.

Korkeiden tavoitteiden asettaminen ei tarkoita haihattelua tai epärealistisia odotuksia: niiden täytyy haastaa ja innostaa yhtä aikaa.

"Me vain uskoimme ideaan ja visioon. Sovimme nopeasti fokuksen, halutut asiakkaat ja selkeät tavoitteet. Tekeminen vei mukanaan onnistumisten myötä." Mikko Eronen, Fluido

Kasvua suunnitellessa ja valmistellessa on syytä pohtia ainakin seuraavia peruskysymyksiä:

Halu kasvaa

Kuinka paljon sinä ja yrityksesi muu henkilöstö uskotte ideaan?
Kuinka kattavasti olette selvittäneet kysynnän ja kilpailutilanteen?
Haluatko, että yrityksesi on maailman paras?
Oletko valmis panostamaan täysillä?
Miten olet valmistautunut hallitsemaan ongelmista kumpuavia itsesyytöksiä?
Kuinka hyvin olet varautunut muiden kritiikkiin ja epäilykseen?
Oletko valmis kansainvälistymään?

Jatkuva keskustelun aihe on, voittaako paras tuote aina markkinoilla. Selvää kuitenkin on, ettei markkinoilla voita se, joka ei edes halua rakentaa parasta tuotetta - vaikka valitut mittarit vaihtelevat. Maailman paraskaan tuote ei myy itseään - vastoin insinöörikansamme yllättävän yleistä luuloa - mutta keskinkertaisen tuotteen myyminen on vielä vaikeampaa.

Tuotteen arvioinnissa voi usein sortua kapeakatseisuuteen. Aina voidaan valita yritykselle sopivat rajaukset ja todeta olevansa maailman paras määrittelemällä itse vertailuperusteet. Tämä voi tarkoittaa, että yritys korostaa sekä tuotekehityksessä että myynnissä tuotteensa jokaista yksittäistä ominaisuutta, jota kilpailijalla ei ehkä ole. Olennaisempaa kuitenkin on, ovatko nämä erottavat tekijät aitoja kilpailuvaltteja ja näkyvätkö ne asiakkaiden arvostuksessa. Tietty itsepetos on inhimillistä, eikä siihen sortuminen kerran tai kaksi kaada maailmaa. Mutta jos haluaa todella olla paras, täytyy rakentaa kyky arvioida kriittisesti omaa tuotetta ja kehittää sitä tarpeen mukaan.

"Tuotehan on hyvä. Se on innovatiivinen tuote. Me teemme sitä tosissaan kehittyvällä vauhdilla. Soveltuu moniin käyttökohteisiin. Noudattaa kaikkia uusimpia standardeja, mitä nyt on olemassa. Se on teknisesti varmaan vuoden tai kaksi edellä kärkituotteita, mitä tällä hetkellä markkinoilla on." Jussi Hurskainen, Valamis

Tuotteen osalta on tärkeää tähdätä tarpeeksi korkealle. Suomen paras ei riitä. Pohjoismaiden paras ei riitä. Euroopan paras ei riitä. Nämä kaikki ovat hyviä välitavoitteita, mutta kansainvälisesti kilpailukykyiseksi päästäkseen on rakennettava maailman paras tuote tai palvelu.

"Ei se markkinointi ole sitä, että sitten kun tuotteet on keksitty, niin osataan niistä puhua. Se menee niin päin, että sieltä lähtee koko yrityksen tarina: miksi me ollaan olemassa, mitä me ollaan tekemässä, ja koko narratiivi." Juhani Hintikka, WithSecure

Fiksut toimintamallit

Kasvavat yritykset tarvitsevat nopeaa ja joustavaa päätöksentekoa, joka tukee toimintaa sekä lyhyellä että pitkällä aikavälillä. Tämän saavuttamiseksi organisaation toimintamallien tulee olla selkeitä ja tehokkaita. Nopea eteneminen vaatii yhteistyötä, selkeitä pelisääntöjä ja tiedon sujuvaa kulkua organisaation sisällä.

"Pitää aina jaksaa katsoa eteenpäin ja ennakoida asioita. Johtavassa asemassa oleva osaa ratkaista ongelmia, pystyy tekemään päätöksiä ja pystyy myös koordinoimaan niitä." Kyösti Kakkonen, Kakkonen Yhtiöt

Johtajan ensisijainen tehtävä on tehdä päätöksiä ja varmistaa niiden toimeenpano. Hyvin rakennettu päätöksentekomalli auttaa välttämään tilanteita, joissa johtaja muodostuu pullonkaulaksi. Parhaimmillaan päätöksenteko perustuu riittävään analyysiin ja asiantuntijoiden yhteistyöhön, mutta lopullinen vastuu kuuluu aina johtajalle.

"Luotan ihmisten päätöksentekoon. En ole mikään kaikkitietävä. Minulla pitää olla sellaiset henkilöt, jotka uskovat asiaan, ovat innostuneita ja haluavat tehdä sen 110-prosenttisesti. Ja sitten meillä on businessmalli, millä se saadaan tehtyä." Ilkka Lavas, CityFamily

Kun haastatteluissa korostettiin ketteriä toimintamalleja - nopeaa päätöksentekoa, selkeitä pelisääntöjä, jatkuvaa kehittämistä ja kaikkien vaihtoehtojen pohtimista - on selvää, että tiedon ja datan merkitys kasvulle on keskeinen. Ilman tehokasta tiedonkeruuta, hyvää tiedonkulkua ja kerätyn tiedon hyödyntämistä on mahdotonta tehdä hyviä päätöksiä ja muokata toimintaa uusien haasteiden edessä.

"Kaikissa päätöksenteoissa pitää vaatia vaihtoehtoja, joiden pohjalta tehdään valintoja. Silloin kun me ei tehdä valintoja, me ei johdeta mitään, me ollaan matkustajia, istutaan takapenkillä, ja katsellaan maisemia." Risto Siilasmaa, WithSecure

Vaikka tiedon rooli voi kuulostaa jokseenkin itsestään selvältä, se voi yllättävän helposti unohtua kiireessä. Jos tietoon perustuvaa päätöksentekoa ei rakenneta sisään yrityksen prosesseihin, yritys voi päätyä kokeilemaan uusia asioita fiilispohjalta. Koska kasvuyritykselle on luontevaa tukea uusien ideoiden esittämistä ja kokeilemista, tiimi voi helposti innostua ideoimaan ajatusta eteenpäin ennen kuin sitä on testattu millään tavalla.

Tiedon ja osaamisen hyödyntäminen

Tiedolla on keskeinen rooli kasvun tukemisessa. Tehokas tiedonkeruu, tiedonkulku ja datan hyödyntäminen mahdollistavat vaihtoehtoisten ratkaisujen ja hyvien päätösten tekemisen ja auttavat sopeutumaan uusiin haasteisiin. Ilman tietoon perustuvaa toimintaa yritys saattaa ajautua kokeilemaan uusia asioita holtittomasti. Tiedon oikea-aikainen hallinta parantaa myös tiimin sisäistä yhteistä ymmärrystä ja sitoutumista tavoitteisiin.

Tiedonkeruulle asetettuja vaatimuksia voi sopeuttaa yrityksen kokoon. Siinä missä suuret jätit voivat kerätä, ostaa ja analysoida tehokkaasti valtavia tietomääriä, voi alkuvaiheen yritys päästä tiedonkeruun alkuun keskustelemalla mahdollisen asiakkaan kanssa kahvikupillisen äärellä. Tiedon hyödyntämisen tarkoitus ei ole tehdä tieteellistä tutkimusta, vaan hyviä päätöksiä. Siksi joskus pienikin vahvistus oikeasta suunnasta auttaa: kun toiminta kehittyy ja resursseja tulee kasvun myötä lisää, myös tiedonkeruuta ja tiedon hyödyntämistä voi jalostaa.

Johtajalla on oltava uskottavuutta, ja asiantuntijuuteen perustuvissa organisaatioissa tämä edellyttää johtajalta substanssiosaamista. Tämä ei tarkoita, että johtajan pitäisi osata kaikki yrityksen osa-alueet muita paremmin - hyvä johtaja kun delegoi vastuut alaisilleen ja palkkaa itseään älykkäämpiä ihmisiä. Substanssiosaamisen täytyy kuitenkin olla riittävällä tasolla, jotta johtaja saa luottamuksen työntekijöiltä, saa heidät antamaan koko älyllisen panoksen ja osaa tehdä yrityksen kannalta tiedostettuja, harkittuja päätöksiä.

Kasvuyrityksen menestyksen takana on osaava ja motivoitunut tiimi. Rekrytointi on keskeinen strateginen päätös, joka vaikuttaa suoraan yrityksen kykyyn kasvaa ja menestyä muuttuvassa toimintaympäristössä.

Kasvuyrityksen on tärkeää rekrytoida ajoissa osaajia, jotka täydentävät nykyistä tiimiä. Oikean henkilön valinta perustuu paitsi osaamiseen, myös henkilökohtaisiin ominaisuuksiin ja kykyyn sopeutua yrityksen arvoihin ja kulttuuriin. Rekrytointipäätöksissä on hyödyllistä painottaa vahvuuksia ja tekemisen intoa.

"Rekrytoi ihmisiä, joilla silmät kiiltävät! Joku sanoi kerran, että jos yksikin pieni asia askarruttaa siinä ihmisessä, niin älä palkkaa sitä."
Jussi Hurskainen, Valamis

Yrityksissä osaamista jää usein tunnistamatta tai hyödyntämättä. Tämä johtaa paitsi tehottomuuteen, myös motivaation laskuun. Johtajan tehtävä on kannustaa työntekijöitä tuomaan vahvuutensa esille ja varmistaa, että ne valjastetaan yrityksen tavoitteiden saavuttamiseen.

"Ihmisissä on tietty arvo, joka lähtee siitä, että he osaavat, haluavat ja pystyvät tekemään töitä, jos heille annetaan vaan se mahdollisuus."
Martti Saarela, SteelDone

Selkeä organisaatiorakenne ja vastuunjako helpottavat päätöksentekoa ja ehkäisevät konflikteja. Kasvuyrityksissä pienet, itseohjautuvat tiimit voivat olla tehokas tapa reagoida nopeasti muutoksiin. Selkeät vastuualueet ja kommunikaatiokanavat luovat pohjan sujuvalle yhteistyölle.

"Yksinkertainen asia muistettavaksi: jos yrityksessä 1) tiedetään, kuka on oma esimies ja 2) mitä sinulta työntekijänä odotetaan, asiat ovat jo hyvällä tolalla. Aika monessa organisaatiossa nämä asiat eivät ole selviä." Mikko Leino, M&M Growth Partners

Prosessit onnistumisen monistamiseen

Prosessikuvauksessa eritellään toimenpiteet selkeänä aikajanana, joka kattaa kaikki tehtävät, joita tuotteen tai palvelun syntyminen tai onnistunut suoritus edellyttää. Prosessien määrittelyä helpottaa, jos samalla kuvataan, miltä onnistunut suoritus tai tavoite konkreettisesti näyttää. Prosessit tulee roolittaa huolellisesti ja työ organisoida ison kuvan pohjalta.

Kaiken toiminnan voi muuttaa prosesseiksi. Tuotteen tai palvelun elinkaari tulee pilkkoa selkeiksi prosesseiksi, aivan kuten muutkin yrityksen toiminnot. Hyvät prosessikaaviot auttavat hahmottamaan toiminnan pullonkaulat ja syy-seuraussuhteet, jolloin ongelmiin voidaan reagoida nopeammin ja tehokkaammin.

Käytettävien työkalujen on tuettava prosessia - olipa kyse asiakkuudenhallintajärjestelmästä, toiminnanohjausjärjestelmästä tai toimisto-ohjelmistoista. Työkalujen tehtävä ei ole ratkaista prosessin yksityiskohtia, vaan niiden tulee tuoda arvoa ja tehokkuutta prosessin eri vaiheisiin.

Prosessista saatava data tarjoaa arvokasta tietoa organisaation tehokkuudesta ja tiimien välisestä yhteistyöstä. Tämä data ohjaa toimintaa ja antaa pohjan mittaamiselle, seurannalle ja kehittämiselle.

Hyvin kuvatut prosessit ovat myös merkittävä apu perehdytyksessä ja osaamisen kehittämisessä.

Prosesseja kannattaa arvioida säännöllisesti: Mitä voisi tehdä paremmin tai toisin? Prosesseista on hyötyä yksinyrittäjällekin, mutta erityisesti selkeät prosessit mahdollistavat yrityksen kasvun ja kehittymisen. Kun yritys panostaa prosessien kehittämiseen, se parantaa merkittävästi onnistumisen todennäköisyyttä.

Oikea toimintamalli on menestyksen perusta. Johtaja voi hyödyntää esimerkiksi OKR-mallia (Objectives and Key Results) muutoksen johtamiseen ja etenemisen seurantaan. Tämä malli yhdistää tavoitteet yrityksen kaikilla tasoilla ja mahdollistaa nopeiden muutosten tekemisen. KPI:t (Key Performance Indicators) tarjoavat puolestaan näkymän jo saavutettuihin tuloksiin ja tukevat päätöksenteon suuntaamista.

Asiakasvuorovaikutus ja myynti prosessin osana

Vuorovaikutus asiakkaiden kanssa on yksi tehokkaimmista keinoista kasvattaa liiketoimintaa ja ymmärrystä siitä, miten tuotteet ja palvelut luovat arvoa asiakkaille. Asiakkaat tarjoavat arvokkaita näkemyksiä, jotka voivat ohjata tuotekehitystä, palveluiden parantamista ja markkinointistrategioiden hiomista.

"Tuotteen/palvelun kohdentaminen täytyy olla alusta lähtien selvä. Onko tuote asiakkaalle välttämättömyys vai onko se nice-to-have. Nice-to-have tuotteiden kanssa on paljon riskejä. Välttämätön tuote on helpompi myydä ja selittää asiakkaalle." Mikko Leino, M&M Growth Partners

Myynnin merkitystä ei voi korostaa liikaa. Hyvin toimiva myyntimalli on kasvun moottori, mutta sen rakentaminen vaatii alkuvaiheessa merkittävästi aikaa ja resursseja. Kun myynti saadaan sujuvaksi, se toimii kuin öljytty koneisto, joka tuottaa tasaista kassavirtaa ja mahdollistaa kasvun vaatimat investoinnit.

Kasvuyrityksissä markkinointi nähdään lähtökohtana, josta johdetaan kaikki muu tekeminen. Brändin kautta tehdään yrityksestä kiinnostavampi ja luodaan kysyntää.

"Argumentoidaan tekeminen aina asiakkaan päästä. Silloin saadaan aikaan ja asiat tapahtuvat nopeasti." Juhani Hintikka, WithSecure

Luottamuksen rakentaminen

Avoin tiedonkulku ja rehellinen vuorovaikutus vahvistavat luottamusta ja sitoutumista. Kun tiimi tietää, mitä on odotettavissa ja miksi päätöksiä tehdään, he voivat paremmin sitoutua yhteisiin tavoitteisiin. Myös jaettu ilo ja onnistumiset ovat tärkeitä osia työyhteisön hyvinvoinnissa.

"Jaettu ilo siitä, että uskallettiin, tehtiin ja saatiin aikaan tuo innostusta." Arto Haataja, HydSupply

Kasvuyrityksessä tunteet voivat vaihdella voimakkaasti menestyksestä pettymyksiin. Tunteiden hallinta ja niiden suuntaaminen positiiviseksi voimavaraksi on keskeinen osa johtamista.

Johtajan on hallittava omia tunteitaan ja annettava tilaa myös tiimin jäsenten tunteiden ilmaisulle. Positiiviset tunteet, kuten innostus ja terve ylpeys, voivat lisätä motivaatiota ja vahvistaa tiimihenkeä. Toisaalta negatiiviset tunteet, kuten turhautuminen ja pettymys, kannattaa tuoda julki avoimesti, jotta ne eivät kuormita koko organisaatiota.

Haastateltavilla oli varsin perinteisiä tapoja hallita stressiä ja tuntei-
taan - esimerkiksi harrastukset, perhe, ystävät, matkustaminen ja ur-
heilu. Usein henkilökohtainen valmentaja ja johtajakollegat auttavat
paremmin eteenpäin kuin läheiset, koska silloin pystytään olemaan
neutraaleja eikä eri asiat sekoitu tunteiden käsittelyssä.

Yrityksissä, joissa luottamus on korkealla, pystytään tunteista kes-
kustelemaan myös sisäisesti. Tähän löytyy työkaluja, jotka tehostavat
vuorovaikutusta ja auttavat eri tilanteiden mukana tuomien tunnetilo-
jen purkamista. Yksi tällainen menetelmä on Claes Janssenin Muu-
toksen Neljä Huonetta. Siinä opitaan kuinka liikkua tyytyväisyyden,
sensuurin, hämmennyksen ja inspiraation tunnetiloista toiseen.

Suunta, intohimo ja suoritus täytyy olla aina tasapainossa riippu-
matta siitä missä psykologisessa tilassa ollaan. Tyytyväisyyden ti-
lassa tasapainoilu on helpompaa, mutta se ei ole pysyvä tila. Seuraa-
vassa kuvassa esitän tyypillisiä piirteitä, jotka näkyvät organisaa-
tiossa eri tiloissa.

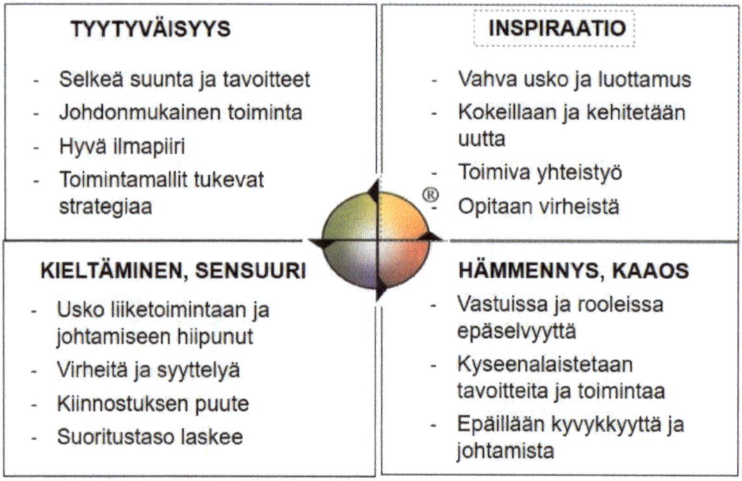

Kuva 12. Muutoksen neljä huonetta organisaatiossa

Oman haasteensa tunneilmaisuun tuo se, että kansainvälisessä ympäristössä - missä kasvuyrityksetkin lähes poikkeuksetta ovat - kohtaavat useat kulttuurit ja kielet, ja ihmisten on päästävä toistensa kanssa tunnetason kommunikointiin myös itselleen vieraalla kielellä.

Toiminnan suunnittelussa on arvioitava ainakin seuraavat perusasiat säännöllisin väliajoin:

Toimintamallit ja prosessit

Miten pääsette tavoitteeseenne?

Kuinka hyvin prosessit tukevat strategian toteutumista?

Miten asiakaslähtöisyys näkyy toiminnassanne?

Miten huomioit diversiteetin rekrytoinnissa ja toiminnan organisoimisessa?

Kuinka hyvin päätösten teko on valmisteltu ja resursoitu?

Miten viestintä ja vuorovaikutus toimii (määrä ja laatu)?

Miten mittaatte ja arvioitte tehokkuutta ja tuloksellisuutta?

Miten yhteistyö ja yhteinen vastuu näkyy toiminnassanne?

Miten arvioisit omaa ja organisaatiosi jäsenten tunneälyä?

Vahvuuksien hyödyntäminen

Suomalaisen Työn Liitto teetti v. 2017 Made by Finland -tutkimuksen. Sen mukaan meillä ei tunnisteta työntekijöiden vahvuuksia. Ylemmistä toimihenkilöistä ja asiantuntijoista jopa 82 % vastasi, että työnantajat eivät tunne heidän vahvuusalueitaan. Osaamista Suomessa kyllä löytyy, mutta jos sitä ei tunnisteta, menetetään paljon tehokkuudessa ja innostamisessa. Pahimmillaan henkilöt sijoitetaan vääriin tehtäviin, aiheutetaan turhautumista joko liian helpoilla tai vaativilla tai muuten vain tylsillä tehtävillä, kehitetään väärää osaamista ja lopulta henkilö lähtee muualle.

Meidän jokaisen tulee oppia brändäämään itsemme paremmin. Tieto omista vahvuuksista ja kiinnostuksen kohteista sekä niiden esille tuominen auttaa jokaista! Johtajan tehtävä on rohkaista työntekijöitä tuomaan esille vahvuutensa ja kiinnostuksensa ja antaa mahdollisuuden hyödyntää kykyjään.

Suomalaiset arvostavat tasapuolisesti toisiaan ja heidän työpanostaan tehtävästä riippumatta. Jos henkilö tekee oman työnsä hyvin, tulee hänen saada siitä kiitosta ja arvostusta. Palkita voidaan monella tavalla. Alussa kasvuyrityksissä odotetaan joustoa ja venymistä, eivätkä palkkiot välttämättä korvaa sitä työpanosta, jota kasvuun tarvitaan. Motivaation ylläpitämiseksi ja sitouttamiseksi tulospalkkio on syytä ottaa käyttöön alkumetreiltä. Taloudellinen motivointi on tärkeää: on helpompi kokea olevansa samassa veneessä, kun kaikki saavat osansa menestyksestä.

Yksi kasvuyrityksissä suosittu malli on rakentaa hierarkkisen pyramidin sijaan itsenäisiä tiimejä, jotka ovat riittävän pieniä tuntemaan oman toimintansa ja ohjaamaan sitä. Tällaisessa mallissa johtajat pyrkivät tekemään itsensä tarpeettomiksi: pienet tiimit ohjaavat itseään, asettavat tavoitteitaan ja pitävät huolta etenemisestään. Kasvujohtajan tehtäväksi jää tällöin eri osa-alueiden yhteen toimivuuden takaaminen.

Selkeä vastuunjako helpottaa priorisointia ja päätöksentekoa. Kun tiimiläiset tietävät omat vastuualueensa ja rajansa sekä keneltä voivat ongelmatilanteissa kysyä apua, yhä harvempi asia kärjistyy konfliktiksi asti. Vastaavasti taas luottamuksen ja valtuuksien puute aiheuttaa ongelmia: kun työntekijät eivät voi tehdä päätöksiä - tai eivät tiedä voivatko he tehdä päätöksiä - oma-aloitteisuus vähenee ja eteneminen hidastuu.

Jokainen kasvuyrityksessä työskentelevä on yrityksensä edustaja ja uusien mahdollisuuksien avaaja. Tällöin jokaisen on ymmärrettävä strategia, painopisteet ja tavoitteet samalla tavalla. Työskentelyn tehokkuuden vuoksi yhtä tärkeää on myös tietää mitä ei tehdä.

Kasvun kulttuuri

Kukaan ei rakenna kasvua yksin, vaan yrityksen kasvu on koko tiimin aikaansaannos. Siksi on tärkeää, että yrityksen kasvaessa tiimi on motivoitunut ja kokee tekevänsä työtä yhteisen maalin eteen - niin ylä- kuin alamäissä. Kun kulttuuri on hyvä ja rakentava, negatiivisia toimintamalleja ei tarvitse kieltää - koska niitä ei edes synny.

"Kasvun mukainen henki luodaan alussa! Alun rekrytoinnit onnistuivat hyvin ja silloin jo alettiin rakentaa henkeä. Kasvun aikana haluttiin pitää työntekijöistä huolta. Tavoitteena oli, että myöhemminkin työntekijät sanoisivat, että meillä oli paras työpaikka." Mikko Eronen, *Fluido*

Kasvu edellyttää ilmapiiriä, joka mahdollistaa nopeat muutokset tuotteisiin ja palveluihin. Vaikka kasvuyrityksissä tehdään usein pitkiä työpäiviä ja kohdataan haasteita, vahva yrityskulttuuri tukee sekä koko potentiaalin hyödyntämistä että ihmisten hyvinvointia muuttuvissa tilanteissa.

Suomalainen johtaja

Suomessa hyvään johtajaan liitetään vahvasti suoraselkäisyys ja oikeudenmukaisuus: hyvä johtaja on sanansa mittainen ja pitää lupauksensa, johtaa esimerkillä, menee ja tekee itse eikä sälytä vastuuta tai työtä muille. Kasvuyrityksissä johtajalta odotetaan selkeää suunnan näyttämistä ja kovia tavoitteita. Selkeät pelisäännöt - ja etenkin niiden noudattaminen - varmistavat sen, että jokainen tekee osansa, hommat hoituvat tehokkaasti ja koko yritys etenee kohti tavoitteitaan. Koska kasvuyrityksissä tilanteet myös muuttuvat jatkuvasti, johtajuuden vaatimuslistaan täytyy lisätä edellisten lisäksi myös aktiivinen vuorovaikutus ja avoin viestintä.

Kasvujohtaja tarvitsee rohkeutta tehdä vaikeita päätöksiä ja astua tuntemattomaan, itsensä haastamista jatkuvan kehittymisen ja oppimisen kautta sekä luovaa ajattelua. Näin on mahdollista löytää innovatiivisia ratkaisuja ja uusia mahdollisuuksia liiketoiminnan kasvattamiseksi. Tämä yhdistelmä ominaisuuksia auttaa häntä navigoimaan monimutkaisissa ja nopeasti muuttuvissa ympäristöissä, joissa menestys edellyttää ennakkoluulotonta asennetta ja kykyä ajatella laatikon ulkopuolelta.

Kulttuurin rakentaminen

Kasvuyrityksen kulttuurin rakentamisen voi aloittaa ajoissa kääntämällä ajattelun toisinpäin: millaista haluamme toiminnan olevan? Mitä saavutamme toimimalla tietyllä tavalla?

"Meillä pitäisi olla paljon nopeampi kellotaajuus, nopeampi tapa tuottaa näitä skenaarioita, tappaa niitä, jotka eivät näytä toteutuvan, luoda uusia, tehdä alaskenaarioita - ja koko ajan iteroida niitä. Jolloin meillä on tavallaan uudenlaisia toimenpiteitä valmiina riippumatta siitä mikä skenaarioista loppujen lopuksi toteutuu." Risto Siilasmaa, WithSecure

Yrityskulttuuri on monisäikeinen kokonaisuus, joka muodostuu tekemisestä ja ihmisistä. Usein sen rakentaminen alkaa yrityksen visiosta: tämän tarinan ympärille rakentuvat niin tiimi, asiakkaat kuin tuotekin. Arvojen määrittely on kulttuurin pysyvyydelle olennaista: jos arvot eivät ole läsnä päivittäisjohtamisessa tai ne ovat ristiriidassa toiminnan kanssa, riskinä on, että yrityskulttuuri muokkautuu hallitsemattomasti ihmisten vaihtuessa. Valitettavasti monessa yrityksissä arvokeskustelu on turhan korkealentoista, jolloin konkretia toimintaan puuttuu.

Kasvun ilmapiiriä on lähes mahdotonta saavuttaa ilman luottamusta ja luotettavuutta; luottamus ansaitaan, kun on ensin osoittanut olevansa luotettava. Hyvä kasvun johtaja sparraa ja antaa vastuuta henkisen kasvun ja oppimisen myötä - alkuun enemmän kontrollia, ajan kanssa enenevässä määrin vapautta ja itsenäisyyttä. Koska ihmiset yleensä haluavat osoittaa olevansa luottamuksen arvoisia, johtajan kannattaa pyrkiä positiivisen kierteen luomiseen. Hän ei voi jättää työntekijöitä yksin eikä asettaa heille epärealistisia vaatimuksia. Työntekijät haluavat ja tarvitsevat onnistumisen kokemuksia. Kun heidän uskonsa omiin kykyihin on vahva, on työntekokin paljon sujuvampaa.

"On luotu yhdessä sellainen kulttuuri, että tässähän muututaan, tässähän tehdään, tässähän uskalletaan, tässähän mennään eteenpäin. Otetaan kaikkien ideoita huomioon, jolloin he näkevät, että tuo idea lähti minusta. Annetaan feedbackia, että tämä on sun juttu, tämä on mennyt tosi hienosti." Arto Haataja, HydSupply

Merkityksellisyys ja yhteisöllisyys ovat ratkaisevassa asemassa, kun rakennetaan tiivistä ja luottamuksellista työyhteisöä. Koska kasvuyritykset usein kohtaavat nopeita muutoksia ja paineita skaalautua, vahva yhteisöllisyys auttaa ylläpitämään työntekijöiden sitoutumista ja motivaatiota. Kasvuyrityksissä jokaisen panos on merkittävä, ja kun työntekijät tuntevat olevansa osa suurempaa kokonaisuutta, he ovat valmiita ottamaan vastaan uusia haasteita ja tekemään yhteistyötä yrityksen tavoitteiden saavuttamiseksi. Yhteisöllisyys vahvistaa tiimityötä ja luo myös kulttuuria, jossa luottamus ja avoimuus mahdollistavat nopean innovoinnin ja joustavuuden.

Erilaisuuden johtaminen on erityisen tärkeää kasvuyrityksissä, jotka pyrkivät olemaan innovatiivisia ja mukautuvia. Eri taustoista tulevilta ja eri näkökulmia omaavilta ihmisiltä voidaan saada esiin uusia ideoita ja luovia ratkaisuja. Erilaisuuden johtamisessa keskeistä on luoda kulttuuri, jossa kaikkia arvostetaan ja jokaisen ainutlaatuinen osaaminen nähdään yrityksen vahvuutena. Johtajan tulee rohkaista avoimuutta ja kuunnella kaikkia näkökulmia, jotta kaikki työntekijät voivat osallistua täysillä ja tuntea, että heidän erilaisuutensa rikastuttaa yrityksen toimintaa.

Kasvuyrityksissä muutokset ovat jatkuvia ja tiimejä muodostetaan nopeasti. Samalla jatkuva muutos voi kuitenkin haastaa ryhmädynamiikkaa, kun yksilöt etsivät paikkaansa tiimissä. Johtajan on tärkeää hallita tasapainoa erilaisuuden haasteiden ja vahvuuksien välillä yhteisen päämäärän säilyttämiseksi. Tämä tukee tehokkaampaa päätöksentekoa, parempia tuloksia ja yhteisöllistä kulttuuria, jossa jokainen saa äänensä kuuluviin.

Arvot toiminnan perustana

Yrityksen arvot ovat periaatteita ja moraalisia suuntaviivoja, jotka ohjaavat organisaation toimintaa ja päätöksentekoa. Ne määrittelevät, mikä on yritykselle tärkeää ja millaisia toimintatapoja se arvostaa. Hyvin määritellyt arvot auttavat luomaan yhtenäisen yrityskulttuurin, ohjaavat strategisia päätöksiä ja tukevat strategian toteuttamista käytännössä.

Arvojen määrittely yhdessä henkilöstön kanssa on keskeistä, jotta ne heijastavat koko organisaation näkemyksiä ja sitoutumista. Yhteinen prosessi varmistaa, että arvot eivät jää vain johdon määrittelemiksi käsitteiksi, vaan ne koetaan merkityksellisiksi ja toteutettaviksi päivittäisessä työssä. Tämä osallistava lähestymistapa edistää arvojen juurtumista organisaatiokulttuuriin ja helpottaa niiden noudattamista arjessa.

Arvojen tulisi olla yrityksen toiminnan perustana. Esimerkiksi, jos yritys arvostaa innovatiivisuutta, sen strategian ja prosessien tulisi sisältää toimenpiteitä, jotka edistävät luovuutta ja uusien ratkaisujen kehittämistä.

Kasvuyritykset, jotka tavoittelevat nopeaa laajentumista ja innovatiivisuutta, hyötyvät ketteryyttä, luovuutta ja asiakaslähtöisyyttä tukevista arvoista. Näiden arvojen avulla ne voivat navigoida nopeasti muuttuvilla markkinoilla ja rakentaa vahvan perustan kestävälle kasvulle.

Kasvuyrityksen arvot voisivat olla seuraavaa

- **Ketterä innovointi**: Korostaa nopeaa reagointia muutoksiin ja jatkuvaa uusien ideoiden kehittämistä. Tämä arvo kannustaa kokeilemaan uusia ratkaisuja ja oppimaan nopeasti epäonnistumisista.

- **Asiakaslähtöisyys**: Painottaa asiakkaiden tarpeiden ymmärtämistä ja niiden asettamista etusijalle. Tämä auttaa kehittämään tuotteita ja palveluita, jotka vastaavat markkinoiden kysyntään.

- **Yhteistyö ja avoimuus**: Edistää tiimityötä ja avointa viestintää sekä organisaation sisällä että ulkoisten sidosryhmien kanssa. Tämä luo ympäristön, jossa ideat voivat kehittyä ja kasvaa.

- **Jatkuva oppiminen**: Kannustaa henkilöstöä kehittämään osaamistaan ja pysymään ajan tasalla alan trendeistä. Tämä varmistaa, että yritys pysyy kilpailukykyisenä ja kykenee sopeutumaan uusiin haasteisiin.

85

- **Vastuullisuus**: Korostaa eettistä toimintaa ja kestävän kehityksen periaatteita, mikä on yhä tärkeämpää myös kasvuyrityksille. Tämä rakentaa luottamusta asiakkaiden ja muiden sidosryhmien keskuudessa.

Arvojen määrittely on merkittävä askel yrityskulttuurin rakentamisessa. Ilman selkeitä ja yhteisesti hyväksyttyjä arvoja yritykseltä puuttuu kompassi, joka ohjaa sisäistä toimintaa ja johtamista. Usein määritelty arvolupaus toimii brändiviestinnän peruskivenä, mutta se ei yksin riitä luomaan organisaatiota, joka kykenee vastaamaan niin työntekijöiden, asiakkaiden kuin muiden sidosryhmien odotuksiin. Samoin pelkkä arvojen listaaminen ei riitä, vaan tarvitaan kuvaus mitä ne tarkoittavat toimintana. Kasvuyritysten tulisi haastaa itsensä määrittämään arvot, jotka tukevat paitsi strategian toteutusta, myös pitkäjänteistä ja kestävää kasvua.

Johdon vastuulla on paitsi varmistaa arvojen jalkauttaminen jokapäiväiseen toimintaan, myös puuttua systemaattisesti arvojen vastaiseen käyttäytymiseen. Tämä vaatii esimerkillistä johtamista, joka heijastaa arvoja kaikilla organisaation tasoilla. Oletteko valmiita toimimaan yrityksenne arvojen mukaisesti?

Epävarmuuden sieto

Epävarmuuden sietäminen on nykypäivän työelämässä kriittinen taito, joka koskee sekä yksilöitä että organisaatioita. Epävakaus, epävarmuus, monimutkaisuus ja epäselvyys haastavat jatkuvasti johtajia ja työntekijöitä sopeutumaan ja menestymään tilanteissa, joissa ennustettavuus on vähäistä. Epävarmuuden sietäminen edellyttää kaikilta kykyä toimia ja ylläpitää suorituskykyä, vaikka täydellistä tietoa tai selkeitä ratkaisuja ei ole tarjolla.

Johtajien tehtävänä on ohjata organisaatiota ja sen työntekijöitä kohti tavoitteita, vaikka toimintaympäristö olisi epävarma. Tämä vaatii viisasta riskienhallintaa ja kykyä tehdä päätöksiä ilman varmuutta lopputuloksista. Epävarmuuden sietäminen ei tarkoita, että kaikki tuntemattomat asiat tulisi hyväksyä passiivisesti. Sen sijaan se on kykyä sopeutua ja navigoida muuttuvassa ympäristössä, säilyttäen samalla fokus ja suorituskyky.

Kasvujohtaja toimii kentässä, jossa näköala on useimmiten puutteellinen tai sumea. Aina ei aika ole oikea eikä onni mukana. Vääriä päätöksiä tulee tehtyä. Tämä kuuluu kasvun johtamiseen, eikä liity johtajan piirteisiin. Kasvujohtajan ja jokaisen yrittäjän ei tule vain sietää epävarmuutta, vaan elää ja hengittää, jopa nauttia siitä.

Johtaja vastaa toiminnasta, ja vaikka hän kuinka delegoisi, joutuu hän viime kädessä tekemään kovat päätökset. Epävarmuus, jatkuvat muutokset ja luonnolliset pettymykset aiheuttavat stressiä. Johtajalla on taipumus yliarvioida oma roolinsa sekä menestymisessä että epäonnistumisissa, mikä aiheuttaa voimakasta tunteiden vaihtelua ja lisää henkistä kuormitusta. Hyvä yleiskunto, kiinnostus erilaisiin asioihin, perhe ja ystävät auttavat ja ennaltaehkäisevät stressiä. Monella johtajalla on myös ulkopuolinen valmentaja tai terapeutti asioiden käsittelyyn ja peilaamiseen.

Suomalaisen työelämän erityispiirteet tulivat esiin haastatteluissamme lähinnä käytännön tekemisen ja kovempien termien kautta. Merkittävänä huomiona voidaan nostaa esille suomalaisen kulttuurin ja kielen kovuus, mikä voi etenkin eri kulttuurista tulleelle tuntua varsin vaativalta ja jopa töykeältä. Kuitenkin perustana on välittäminen ja hyväntahtoisuus.

Henkilöstöjohtamisen ja yrityskulttuurin linkitys

Henkilöstöjohtaminen on tärkeä osa yrityksen menestystä sekä kasvuyrityksissä että vakiintuneissa yrityksissä, mutta näiden kahden välillä on huomattavia eroja siinä, miten henkilöstöjohtamista tulisi toteuttaa ja mitä haasteita kohdataan. Kasvuyrityksissä henkilöstöjohtamisen painopisteet ja lähestymistavat eroavat merkittävästi vakiintuneiden yritysten käytännöistä yritysten erilaisista tavoitteista, resursseista ja toimintaympäristöistä johtuen.

Kasvuyritykset toimivat usein nopeasti muuttuvassa ympäristössä, jossa organisaation rakenteet ja käytännöt eivät ole vielä vakiintuneet. Tässä tilanteessa henkilöstöjohtamisella on keskeinen rooli joustavuuden ylläpitämisessä. Kasvuyrityksen henkilöstöjohtamisen tavoitteena on tukea nopeaa päätöksentekoa ja ketteriä organisaatiorakenteita sekä luoda ympäristö, jossa työntekijät voivat mukautua ja innovoida nopeasti.

Työntekijöiden roolit ovat usein monipuolisempia ja vähemmän selkeästi määriteltyjä kuin vakiintuneissa yrityksissä. Tämä vaatii johtajilta kykyä jakaa vastuuta, tukea työntekijöitä uusissa ja epäselvissä rooleissa sekä luoda ilmapiiri, jossa jokainen voi kehittää uusia taitoja ja kasvaa yrityksen mukana. Samalla rakennetaan työnantajabrändiä, joka helpottaa osaajien houkuttelemista.

Yrityskulttuuri määrittää organisaation menestyksen. Kun johtaja ymmärtää millaista yrityskulttuuria tarvitaan ja miten sitä johtaa, voidaan toimintaa kehittää oikeaan suuntaan. Yrityskulttuuri muodostuu organisaation toimintaa ohjaavista tiedostetuista ja tiedostamattomista arvoista, toimintatavoista, uskomuksista sekä organisaatiossa työskentelevien ihmisten käyttäytymisestä. Yrityskulttuuri on siis yrityksen ja sen sisältämien ihmisten tapa toimia.

Kulttuuria on usein kuvattu sillä, miten henkilöt toimivat, kun kukaan ei ole seuraamassa. Tämä tapa nähdä asia voi heijastaa suomalaista taipumusta tarkastella ilmiöitä realistisesti, jopa hieman pessimistisesti, ikään kuin tilanteeseen olisi vaikea vaikuttaa. Yrityskulttuuri ei kuitenkaan ole staattinen tila, vaan se on aktiivisen johtamisen ja tavoitteellisen toiminnan tulos. Kulttuuri määrittelee, miten työntekijät kommunikoivat keskenään, miten konflikteja käsitellään ja miten työntekijöitä kannustetaan tuomaan esiin huolenaiheita ja kehitysideoita. Yrityskulttuurilla on keskeinen rooli henkilöstön sitoutumisen ja viihtyvyyden luomisessa.

Yrityskulttuurin johtaminen edellyttää selkeyttä, aktiivista vuorovaikutusta, pitkäjänteisyyttä ja johdonmukaisuutta. Yrityksen toiminnan kannalta on elintärkeää olla perillä nykyisestä tilanteesta. Oman pohdinnan arvoa ei tule väheksyä, mutta rajoittuneella näkökulmalla ei saa koko kuvaa, ja tärkeät havainnot jäävät huomiotta. Perinteisesti yritykset nojautuvat tyytyväisyyskyselyihin, mikä ei kuitenkaan anna koko tilannekuvaa.

Yritykset ovat alkaneet entistä enemmän tuoda jo rekrytoinnissa esiin yrityskulttuuriaan ja määrittelevät sen kautta, millaisia työntekijöitä ne etsivät. Tämä on positiivinen suuntaus ja helpottaa yhteenkuuluvuutta.

Hyvän työyhteisön tunnusmerkit

Työyhteisön hyvinvoinnin kannalta on tärkeää luoda ympäristö, jossa työntekijät tuntevat olonsa turvalliseksi, arvostetuksi ja tuetuksi. Johtajilla ja esihenkilöillä on suuri vaikutus turvallisuuden tunteen edistämisessä.

Hyvässä työyhteisössä

- Kannustetaan avointa ja rehellistä kommunikaatiota kaikilla tasoilla.
- Rakennetaan ja ylläpidetään luottamusta työntekijöiden keskuudessa.
- Osoitetaan empatiaa ja tuetaan työntekijöitä heidän haasteissaan.
- Annetaan säännöllistä ja rakentavaa palautetta, joka auttaa työntekijöitä kehittymään ja tuntemaan itsensä arvostetuiksi.
- Tarjotaan apua, koulutusta ja tukiverkostoja.
- Toimitaan esimerkkeinä turvallisuuden ja hyvinvoinnin edistämisessä.

Turvallisuus työyhteisössä viittaa sekä fyysiseen että psyykkiseen turvallisuuteen, jonka avulla työntekijät voivat toimia tehokkaasti ja tuntea olonsa hyvinvoiviksi. Turvallisuuden tunne vaikuttaa merkittävästi työntekijöiden sitoutumiseen, työtehokkuuteen ja yleiseen tyytyväisyyteen. Työympäristön eri tilojen toimivuudella, kuten hyvällä akustiikalla ja valaistuksella voidaan myös ennaltaehkäistä stressiä.

Fyysinen turvallisuus kattaa työympäristön riskien hallinnan, kuten työvälineiden ja -tilojen turvallisuuden, työterveyshuollon ja onnettomuuksien ehkäisyn. Näitä seikkoja hallinnoidaan usein työterveys- ja työturvallisuusohjelmien kautta, jotka sisältävät muun muassa säännölliset turvallisuustarkastukset, riskianalyysit ja koulutukset. Psyykkinen turvallisuus tarkoittaa työilmapiiriä, jossa työntekijät kokevat olevansa arvostettuja ja kunnioitettuja, ja jossa he voivat ilmaista mielipiteitään ja ajatuksiaan ilman pelkoa negatiivisista seurauksista. Tämä liittyy läheisesti työpaikan kulttuuriin ja johtamiseen.

Kasvua edistää yhteisöllisyyden ja yhteenkuuluvuuden kokemus. Kun jokainen tietää toiminnan ja päätösten taustat ja päätöstentekoon luotetaan, työntekijöiden motivaatio paranee huomattavasti ja työt tapahtuvat tehokkaasti. Yhteisöllisyyden saavuttaminen ei kuitenkaan ole aivan yksinkertaista, eikä riitä, että sanotaan "me ollaan täällä kaikki yhtä perhettä".

Suomalaiseen yrityskulttuuriin kuuluu tietty tasa-arvoisuus, jossa johtajat ja työntekijät voivat keskustella ja jakaa ideoitaan vapaasti. Vaikka hierarkiat ovat matalia, ja organisaatiorakenne joskus epämääräinen, työntekijät näkevät esihenkilönsä usein etäisen auktoriteetin sijaan työntekijänä, jolla on vain hieman enemmän vastuuta ja valtaa. Kun yleinen kokemus on se, että kaikki ovat samalla tasolla, johtoporras koetaan inhimillisempänä ja läheisempänä. Näin työntekijöidenkin on helpompi hyväksyä johdon päätökset, vaikka he eivät niitä sillä hetkellä ymmärtäisikään.

Tasa-arvoisen toimintaympäristön lisäksi yhteisöllisyyden saavuttamiseen tarvitaan monia muitakin tekijöitä. Avoin ja rehellinen viestintä, kaikkien osapuolien kuunteleminen ja huomioon ottaminen, sekä jokaisen osallistaminen ovat tärkeitä tekijöitä toimivan työhyvinvoinnin saavuttamisessa. Yhteenkuuluvuutta voi edistää myös yhteisillä tavoitteilla. Koko henkilöstölle tärkeitä asioita voivat olla esimerkiksi kestävä kehitys tai paikallisen ympäristön parantaminen. Jos yrityksen ja työntekijöiden arvot kohtaavat, ja yritys osoittaa toimillaan uskovansa niihin, samalla luottamus koko yritykseen ja sen toimintaan lujenee.

Burrougs ja Eby määrittelevät työelämän yhteisöllisyyden koostuvan kuudesta elementistä:

1. Halu auttaa toisia ja hyväksyä toistensa erilaisuutta
2. Emotionaalinen turvallisuus
3. Yhteenkuuluvuuden tunne
4. Psyykkinen yhteys
5. Avoin ja rehellinen vuorovaikutus
6. Tiimiorientaatio

Itseohjautuvuuden edellytykset

Itseohjautuvuus elää vahvana motivaatiota nostavana tekijänä tämän päivän työelämässä ja organisoitumisessa. On kuitenkin huomioitava, että kaikilla ei ole kykyä itseohjautuvuuteen eikä yhteisöohjautuvuuteenkaan. Erityyppiset ja erilaisissa tehtävissä toimivat henkilöt vaativat erilaista johtamista. Itseohjautuvuus viittaa siihen, että yksilöillä on valta ja vastuu ohjata omaa toimintaansa ja tehdä päätöksiä itsenäisesti. Tämä voi lisätä luovuutta, motivaatiota ja työn mielekkyyttä, mutta myös tuoda mukanaan haasteita, kuten stressiä liiasta vastuusta tai epäselvistä tavoitteista.

Yhteisöohjautuvuus tarkoittaa sitä, että päätöksenteko ja toiminta tapahtuvat yhteisön tai ryhmän puitteissa, mikä voi vahvistaa yhteenkuuluvuuden tunnetta ja parantaa ryhmän yhteistyötä. Ryhmäajattelun riskinä on, että yksilölliset näkemykset jäävät vähemmälle huomiolle, päätöksenteko on hidasta tai ryhmä tukahduttaa innovatiiviset tai kriittiset ajatukset. Johtamismallia rakennettaessa onkin varmistettava yhteistyön sujuvuus ja vilpittömyys. Näin johto osoittaa olevansa kiinnostunut ja välittävänsä niin asioiden eteenpäin viemisestä kuin ihmisistäkin.

Hybridityön jatkuvuus ja johtamisen opit

Koronapandemia osoitti meille tasapainon tärkeyden tehokkuuden ja inhimillisyyden välillä. Organisaatiot, jotka onnistuivat yhdistämään itse- ja yhteisöohjautuvuuden toimivaksi kokonaisuudeksi, menestyivät parhaiten.

Etätyön myötä tuottavuus pysyi korkeana, ja joustavuus paransi työn ja vapaa-ajan hallintaa. Toisaalta rajojen hämärtyminen lisäsi kuormitusta ja työuupumusta, kun taas yhteisöllisyyden puute vaikutti motivaation ja luottamuksen heikkenemiseen. Fyysisten kohtaamisten vähentyessä spontaanit innovaatiot jäivät taka-alalle.

Hybridityö on vakiintumassa, mutta organisaatioiden on edelleen löydettävä tasapaino tehokkuuden ja inhimillisyyden välillä – riippumatta siitä, missä ja miten työskentelemme. Mukautuminen edellyttää johtajilta:

- Selkeää suunnan näyttämistä ja luottamuksen rakentamista - Olipa työskentelymalli mikä tahansa, työntekijät tarvitsevat selkeät tavoitteet ja riittävästi vapautta niiden toteuttamiseen.
- Yhteisöllisyyden vahvistamista - Spontaanit kohtaamiset ja vuorovaikutus tukevat luovuutta ja tiimihenkeä. Tätä voi edistää niin toimistolla, hybridimallissa kuin digitaalisesti järjestettyjen kohtaamisten avulla.
- Hyvinvoinnin tukemista - Itseohjautuvuus ei tarkoita yksin pärjäämistä. Joustavuuden rinnalla on tärkeää tunnistaa työkuorman hallinta, palautumisen tarve ja työyhteisön sosiaalinen tuki.

- Oppimista ja kokeilukulttuuria - Työelämä muuttuu jatkuvasti, ja parhaat organisaatiot kehittyvät sen mukana. Uusien toimintatapojen rohkea testaus ja jatkuva vuoropuhelu auttavat löytämään kestävät ratkaisut.

Johtamisen ydin ei siis ole muuttunut - sen painopisteet vain vaihtelevat työskentelymallista riippuen. Pitkäjänteinen menestys syntyy toimivasta yhdistelmästä tavoitteellisuutta, joustavuutta ja ihmislähtöisyyttä.

Ilmapiiri ja motivointi

Hyvässä ilmapiirissä on mukava olla töissä, mikä lisää henkilöstön sitoutumista työpaikkaansa. Hyvä työyhteisö heijastuu myös asiakkaille positiivisella tavalla. Tähän kokonaisuuteen vaikuttavat niin yrityskulttuuri ja esihenkilötoiminta, kuin mukavat työkaverit ja mielenkiintoiset tehtävätkin. Kasvuyrityksissä, joissa suunta on vauhdilla eteenpäin, korostuvat lisäksi vaikutusmahdollisuudet, innostavat haasteet ja jatkuva oppiminen. Kääntöpuolella kasvuyrityksissä työskentelyyn liittyy aina epävarmuutta ja stressin elementtejä, joten sekä työympäristön että johtamisen on tuettava jaksamista, innostusta ja vapautta valita itselle sopivat työskentelytavat.

"Substanssin oppii. Jos sä olet nälkäinen ja oppimishaluinen, niin mihin tahansa kykenee." Petri Ahokangas, Oulun yliopisto

Rohkea kasvujohtaja antaa tilaa sille, mitä työntekijät itse haluavat tehdä. Halu oppia ja kokeilla uutta kulkee yleensä käsi kädessä kyvykkyyden kanssa ja tuo hyvää tulosta. Lisäksi innostusta on helpompi ylläpitää, kun henkilöstö on tyytyväinen ja saa onnistumisen kokemuksia.

Työnteon pitää olla motivoivaa, jotta ihmiset ovat valmiita antamaan täyden panoksen. Vaikka töissä olisi nyt kivaa ja tekeminen innostavaa, tarvitaan hyvän ilmapiirin ja motivaation ylläpitämiseksi jatkuvia toimenpiteitä. Jokainen tarvitsee arvostusta ja palautetta. Palkitsemisen tulee olla reilua ja kannustavaa. Johtajan tulee toimia oikeudenmukaisesti kaikkia kohtaan. Hänen tulee antaa kiitos sinne, mihin se kuuluu, pitää omiensa puolta ja osoittaa olevansa ylpeä tuloksista ja porukasta.

Monet kasvuyrityksissä työskentelevät ovat oppimisen suhteen kummallisessa välitilassa: vauhti on niin kova, että ei ehdi opiskelemaan, mutta tosiasiassa tekemisessä on jatkuvasti niin paljon uutta, että on pakko oppia koko ajan. Siksi fiksussa yrityksessä huolehditaan jatkuvasta reflektoinnista, mikä meni hyvin ja missä pitää parantaa: näin oppi leviää analysoidussa muodossa nopeasti koko työyhteisölle.

Tiimityöskentely korostuu kasvuyrityksissä muita yrityksiä enemmän. Tiimiä rakentaessa täytyy huomioida sekä kokonaisosaaminen että yhteensopivuus: jäsenten osaamisen pitää täydentää toisiaan. Erilaiset ajattelutavat mahdollistavat nopean ideoinnin ja ongelmanratkaisun, ja sitä kautta kasvun. Kasvuyrityksessä työskentelyä helpottaa, jos tuntee muut ihmiset ja tietää mitä he ajattelevat, sanovat ja tarkoittavat. Siksi avoin ilmapiiri on kriittinen tekijä kasvavan yrityksen menestykselle: avoimessa ilmapiirissä ongelmista voidaan puhua ja asioista olla eri mieltä henkilösuhteiden kärsimättä.

Innostuksen huumassa tapahtuu paljon. Parhaimmillaan koko työyhteisö on flow-tilassa: asiat etenevät, ongelmat ratkeavat ja tulosta tulee. Samalla tämä huuma kätkee sisälleen riskin uupumisesta. Johtajan tehtävänä on paitsi innostaa työntekijöitä ja tukea heidän työkykyään, myös huolehtia omasta tehokkuudestaan ja hyvinvoinnistaan.

Motivointi itsessään on haastavaa, sillä jokainen löytää motivaation omista lähteistään. Sen sijaan johtaja voi luoda puitteet, jotka tukevat motivaation syntymistä ja ylläpitämistä. Yrityksissä motivaatiotekijät vaihtelevat suuresti, ja niihin vaikuttavat sekä sisäiset että ulkoiset tekijät. Onkin olennaista huomata, että tutkimusten mukaan johtajien ja työntekijöiden motivaatiotekijät eroavat merkittävästi toisistaan.

Oheisessa taulukossa listattuna työntekijöiden ja johtajien motivaatiotekijöitä tärkeysjärjestyksessä.

Työntekijöiden motivaatiotekijät	Johtajien motivaatiotekijät
1. Sisäinen motivaatio: autonomia, mahdollisuus oppia ja kehittyä työssä sekä työtehtävien vaihtelevuus 2. Palkka ja edut 3. Työyhteisö 4. Tasapaino työn ja vapaa-ajan välillä	1. Vaikutusvalta ja päätöksenteko 2. Tunnustuksen saaminen 3. Mahdollisuus kehittää organisaatiota 4. Itseohjautuvuus ja strateginen vapaus

Kun johtaja pyrkii motivoimaan työntekijöitä väärien oletusten pohjalta, riskit kasvavat. Esimerkiksi rahallisten bonusten liiallinen korostaminen voi heikentää sisäistä motivaatiota ja vähentää työn merkityksellisyyden kokemusta. Samalla menetetään mahdollisuus sitouttaa työntekijöitä itse työn kautta. Toisaalta, jos johtaja ei huomioi työntekijöiden tarvetta autonomiaan tai tasapainoon työn ja vapaa-ajan välillä, tyytymättömyys ja uupumus voivat lisääntyä.

Johtajan on tärkeää ymmärtää, mitkä tekijät motivoivat työntekijöitä ja millaisia vaikutuksia erilaisilla motivointikeinoilla on. Tasapaino sisäisen motivaation tukemisen ja ulkoisten palkkioiden käytön välillä on olennaista, jotta työyhteisö säilyy motivoituneena ja yhteistyökykyisenä.

Kasvun kulttuuri

Kuinka toimintakulttuurinne tukee yrityksen kasvua?
Onko yrityskulttuurinne konfliktin ja muutoksen kestävää?
Ovatko omat ja yrityksesi arvot sopusoinnussa?
Luovatko yrityksesi kulttuurin yksittäiset ihmiset vai kaikki yhdessä?
Mahdollistavatko yrityksesi johtaminen, rakenteet ja toimintatavat uudistumisen?
Kuinka yrityksessäsi hyväksytään virheet?
Miten yrityksessäsi tuetaan oppimista?
Kuinka yrityksessäsi huomioidaan onnistumiset?
Miten toiminnassanne näkyy joustaminen työntekijöiden tarpeiden mukaan?

Tehokkuuden ja inhimillisyyden tasapaino sekä itse- ja yhteisöohjautuvuuden dynamiikka ovat keskeisiä elementtejä organisaatioiden ja yritysten menestyksessä. On tärkeää löytää sellainen toiminnan malli, jossa yksilöiden ja yhteisön tarpeet sekä tavoitteet voidaan sovittaa yhteen niin, että ne tukevat sekä tehokkuutta että inhimillistä hyvinvointia. Tämä edellyttää jatkuvaa vuoropuhelua, selkeitä tavoitteita ja avoimuutta niin yksilöiden kuin yritystenkin toiminnassa.

Johtaminen kasvun eri vaiheissa

Eri alojen yrityksillä kasvun vaiheet voivat olla hyvinkin erilaiset. Olemme määritelleet kasvun vaiheet kolmeen osaan ja kiteyttäneet painopisteet kussakin vaiheessa. Kasvun vaiheet ovat pre-kasvu, kun kasvua vasta rakennetaan; kova kasvu, jonka aikana yritetään pysyä vauhdissa mukana; ja stabiili kasvu, jolloin yritys on jo vakiinnuttanut paikkansa.

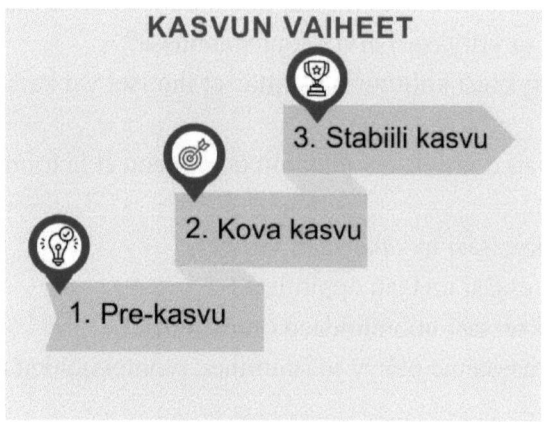

Kuva 13. Kasvun vaiheet

Pre-kasvu

Kasvun lähtökohtana on selkeä visio – mitä haluamme, mihin pyrimme ja miksi. Selkeä suunta ja innostavat tavoitteet luovat yhteisen draivin ja auttavat riskinotossa. Kun tavoite ja motivaatio ovat kirkkaana mielessä, kasvujohtaja suunnittelee toteutuksen karkealla tasolla ja lähtee nopeasti liikkeelle. Tyypillisesti tässä vaiheessa unelmoidaan, kokeillaan, opitaan ja kokeillaan ja opitaan lisää.

Tässä vaiheessa kommunikaatio on avointa ja suoraa. Johtaja inspiroi ja näyttää esimerkkiä, mutta myös kuuntelee, kannustaa ottamaan vastuuta ja antaa tilaa ilman ylimääräistä kontrollia.

SISU-mallin vaiheista sunnan ja intohimon merkitys korostuu.

Kasvun alkuvaiheessa

1. Kirkasta tavoitteet
2. Hanki resurssit ja luo karkeat pelisäännöt
3. Lähde liikkeelle ja kokeile

Kova kasvu

Kun kasvuvauhti on kova, prosessit ja toimintatavat täytyy päivittää kasvun mahdollistamiseksi. Tässä vaiheessa ei yleensä ole aikaa kehittämiseen, vaan yritetään selviytyä päivästä toiseen. Kasvuun tulee siis varautua, ja on tunnistettava ajoissa rekrytointitarpeet ja muutokset markkinoilla. On oltava kasvua tukevat työkalut käytössä ja tunnettava henkilöstön kyvyt. Toiminnan tulee olla fokusoitua ja sopivan systemaattista, samalla kuitenkin mahdollistaen joustavuuden, nopean priorisoinnin ja päätöksenteon.

Tässä vaiheessa Ihmisten odotukset muuttuvat - johtajan on tasapainoteltava itsenäisyyden ja tuen välillä. Hän ei ole enää kaikkitietävä perustaja, vaan valmentaja ja mahdollistaja.

SISU-mallin vaiheista suorituksen merkitys korostuu.

Kasvun kiihdyttyä

1. Ennakoi
2. Anna vastuuta ja palautetta
3. Toimi sitkeästi ja ketterästi

Stabiili kasvu

Menestys luo menestystä. Yritystä on kuitenkin jatkuvasti kehitettävä, jotta yrityksen kilpailukyky säilyy edes ennallaan. Tässä vaiheessa ei enää tuplata tulosta, vaan pienetkin kasvuprosentit ovat merkittäviä ja vaativat suuren kehityspanostuksen. Yritykseen on mahdollisesti löydyttävä uusi tapa erottautua ja kilpailla. Johtajan täytyy olla tarkemmin selvillä siitä, mitä toimialalla ja ympäristössä tapahtuu. Samoin hänen tulee ymmärtää organisaation tila ja varmistaa yrityksen potentiaali uudistukseen.

Tässä vaiheessa asiakas- ja työntekijäkokemuksen kehittäminen on jatkuvaa. Kun kasvu hidastuu, ihmiset voivat turhautua - tarvitaan uudenlaisia tavoitteita ja haasteita. Samoin hyvä työilmapiiri ja työnantajabrändi korostuvat henkilöstön sitoutumisessa.

SISU-mallin vaiheista uudistamisen merkitys korostuu.

Kasvun tasaannuttua
1. Analysoi ja kehitä
2. Hyödynnä verkostoja laajasti
3. Luo kestävä kasvun kulttuuri

SISU-johtaja osaa mukautua kasvun edetessä.

- Hän tietää, milloin olla visionääri, milloin organisoija ja milloin optimointiin keskittyvä johtaja.

- Johtamistyyli muuttuu, kun organisaatio kasvaa - yksilölähtöisyydestä siirrytään kulttuurin ja yhteisön johtamiseen.

- Kasvun mahdollistaja on ihmiset, ei vain strategia: Ilman oikeaa ihmisten johtamista mikään yritys ei menesty pitkällä aikavälillä.

"Olemme luoneet maailman ajattelullamme, joten emme voi muuttaa sitä ilman, että muutamme ajattelutapaamme"

-Albert Einstein

4. JOHTAJUUDEN KEHITTÄMINEN

Johtamisen haasteet

Kun ottaa huomioon johtamisesta tehdyn kirjamäärän ja runsaan akateemisen tutkimuksen, on turvallista sanoa, että johtaminen on monimutkaista. Tämä välittyi selvästi myös tekemissämme haastatteluissa: johtajan tehtävät ja niille asetetut vaatimukset ja odotukset ovat usein ristiriitaisia. Miten parantaa tehokkuutta ja huolehtia samalla ihmisten hyvinvoinnista? Miten uudistua ja samalla vakauttaa toimintaa? Taustalla vaikuttavat kilpailevat arvot ja painopisteet eri tilanteissa ja eri sidosryhmien kanssa.

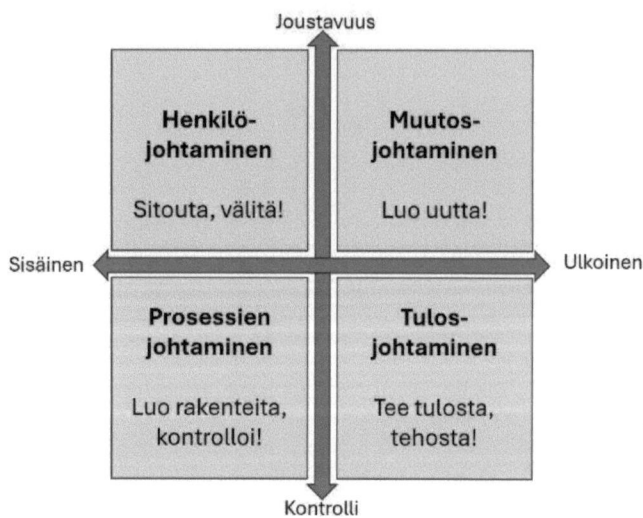

Kuva 14. Kilpailevien arvojen viitekehys, Quinn, R. ym. (2015)

Johtaminen on monitasoista: monimutkaista ja kompleksista. Näiden kahden ymmärtäminen ja erottaminen on hyödyllistä.

Monimutkaiset asiat, kuten uusiin toimitiloihin muuttaminen tai uuden järjestelmän käyttöönotto, voivat tuntua stressaavilta ja työläiltä. Ne voivat olla yllättäviä tai suunniteltuja, mutta niille on olemassa ratkaisut: selkeät prosessit ja ohjeet. Vaikka monimutkaiset tilanteet vievät aikaa ja vaativat vaivaa, ne ovat hallittavissa ja ajallisesti ennakoitavissa. Haasteena niissä on usein niiden työläys, ei tuntemattomuus.

Kompleksiset haasteet ovat uusia ja arvaamattomia - sellaisia, joille ei ole valmiita kaavoja tai ratkaisupolkuja. Ne vaativat luovuutta, sopeutumiskykyä ja rohkeutta toimia yllättävyyden ja epävarmuuden keskellä.

Hyvä johtaja selviytyy monimutkaisista tilanteista. Erinomainen johtaja luotsaa organisaationsa myös kompleksisten haasteiden läpi.

Kompleksisiin kysymyksiin tarttuminen tuntuu usein raskaalta, mutta niiden välttely voi johtaa vain maltilliseen kasvuun. Kompleksisten ongelmien ratkaiseminen on ennalta arvaamatonta: emme tiedä, kauanko se kestää, mitä se vaatii tai paljonko resursseja tarvitaan. Silti juuri nämä kysymykset ovat usein avain merkittävään kasvuun. Jos keskitymme vain monimutkaisten ongelmien ratkaisuun, pysymme tutussa ja turvallisessa – mutta jätämme hyödyntämättä mahdollisuuden luoda jotain aidosti uutta. Uuden luominen on voimakkaan kasvun tärkein edellytys.

Tässä kirjassa olemme yksinkertaistaneet henkilöjohtamista, jotta pystymme vastaamaan monimutkaisiin ja kompleksisiin haasteisiin.

Muutokset yhteiskunnassa

Nykyajan johtajat kohtaavat monimuotoisempia työyhteisöjä, mikä vaatii taitoja inklusiivisen työympäristön luomisessa ja hallinnassa. Muuttuvat työntekijöiden odotukset edellyttävät johtajilta kykyä houkutella ja sitouttaa eri ikäryhmistä ja taustoista tulevia työntekijöitä. Johtajien on oltava myös valmiita toimimaan globaalissa ympäristössä, mikä vaatii ymmärrystä eri kulttuureista, globaaleista markkinoista ja kansainvälisestä liiketoiminnasta.

Yritysten tulee vastata vastuullisuushaasteisiin entistä strategisemmin ja kokonaisvaltaisemmin. Vastuullisuus ei enää rajoitu vain ympäristöasioihin, vaan kattaa myös sosiaalisen ja taloudellisen vastuun. Tämä näkyy esimerkiksi siinä, että yritykset pyrkivät vähentämään hiilijalanjälkeään huomioiden samalla myös työntekijöidensä hyvinvoinnin ja varmistaen oikeudenmukaiset työolosuhteet koko arvoketjussa. Lisäksi yritykset viestivät avoimesti ja läpinäkyvästi toiminnastaan sekä tekevät yhteistyötä eri sidosryhmien kanssa vastatakseen eettisiin ja vastuullisuuteen liittyviin odotuksiin.

Yritysten sosiaalista vastuuta ja eettistä toimintaa painotetaan yhä enemmän, mikä vaatii johtajilta kykyä tehdä vastuullisia päätöksiä ja toimia kestävällä tavalla. Tämä ei ole aina yksinkertaista, sillä monimutkaisessa liiketoimintaympäristössä joudutaan usein tasapainottelemaan eri intressiryhmien tarpeiden ja odotusten välillä. Jääkin nähtäväksi, kuinka hyvin organisaatiot pystyvät toimeenpanemaan vastuullisuusstrategiansa niin, että ne tuottavat sekä hyvää taloudellista tulosta että konkreettisia ja mitattavia tuloksia kaikilla vastuullisuuden osa-alueilla.

Valitettavasti elämme räjähdysherkässä maailmassa. Sodat ja sotien leviämisuhka aiheuttavat turvattomuutta ihmisissä ja liiketoiminnassa.

Tähän emme pysty vaikuttamaan muuten kuin huomioimaan se tunnetasolla. Turvallisuuden tunteen edistäminen yrityksessä korostuu, kun ulkopuolella myllertää. Kun ihmisellä on sisäistä turvaa, hän pystyy luottamaan itseensä, muihin ihmisiin ja siihen, että asiat järjestyvät.

Kriisijohtamisesta mallia

Suomalaiset ovat todistaneet historian saatossa olevansa hyviä kriisijohtamisessa, ja tästä voidaan ottaa oppia kasvujohtamiseen. Kriisijohtaminen tarkoittaa organisaation toimintaa yllättävän ja vakavan kriisin aikana, jolloin normaalit toiminnalliset prosessit eivät enää riitä tilanteen hallintaan. Kriisi voi olla mikä tahansa merkittävä häiriö, kuten luonnonkatastrofi, taloudellinen romahdus, pandemian puhkeaminen tai tulipalo tehtaassa, joka uhkaa organisaation toimintaa, mainetta, tai selviytymistä. Kriisijohtamiseen varautuminen on tärkeää, jotta organisaatio kykenee reagoimaan tehokkaasti ja minimoimaan kriisin haittavaikutukset. Kun kriisi iskee, kriisijohtaminen keskittyy tilanteen hallintaan ja palautumiseen.

COVID-19-pandemia oli merkittävä testi kriisijohtamiselle. Suomen hallitus ja terveysviranomaiset koordinoivat toimenpiteitä, kuten rajoituksia, karanteeneja ja rokotuskampanjoita, samalla kun yritykset joutuivat sopeutumaan nopeasti muuttuneeseen liiketoimintaympäristöön. Digitalisaatio kiihtyi etätyön ja verkko-ostamisen myötä. Samalla yritykset kohtasivat merkittäviä häiriöitä globaaleissa toimitusketjuissa. Monet kansainvälisistä raaka-ainelähteistä ja komponenteista riippuvaiset teollisuusyritykset joutuivat kehittämään uusia hankintaketjuja ja sopeutumaan toimitusviiveisiin.

Viime vuodet ovat opettaneet yrityksiä ja yhteiskuntaa varautumaan entistä paremmin häiriöihin, kuten globaalien toimitusketjujen epävarmuuteen ja työskentelytapojen nopeisiin muutoksiin. Pandemia toi myös esiin sen, kuinka tärkeää on avoin, johdonmukainen ja selkeä viestintä kaikilla tasoilla - niin valtionhallinnossa, virkamiestasolla kuin yrityksissäkin. Epävarmuuden keskellä oikea-aikainen ja rehellinen viestintä on ratkaisevaa toiminnan jatkumisen kannalta.

Suomussalmen Hukkajoella tapahtui vuonna 2024 merkittävä ympäristövahinko, kun Stora Enson alihankkijan metsäkoneet vahingoittivat vakavasti äärimmäisen uhanalaisten jokihelmisimpukoiden (raakkujen) elinympäristöä. Metsäkoneilla ajettiin herkän jokiympäristön yli, eikä suojeluohjeita noudatettu asianmukaisesti. Stora Enso otti vastuuta tapahtuneesta ja myönsi, että heidän ympäristönsuojelutoimensa eivät olleet riittäviä. Yhtiö tekee nyt yhteistyötä viranomaisten ja poliisin kanssa, jotka tutkivat tapausta törkeänä luonnonsuojelurikoksena. Stora Enso on sitoutunut tiukentamaan ympäristönsuojeluohjeistuksiaan sekä lisäämään työntekijöiden ja alihankkijoiden valvontaa ja koulutusta, jotta vastaavia tapahtumia ei sattuisi tulevaisuudessa. Lisäksi yhtiö tukee taloudellisesti ja materiaalisesti alueen ennallistamistyötä. Tämä tapaus on jättänyt yritykselle mainehaitan, mutta vastuunkanto, nopea reagointi, pitkäaikaiset korjaavat toimet ja kestävyyslupausten noudattaminen auttavat rakentamaan luottamusta uudelleen.

Kriisi- ja kasvujohtamisessa on paljon yhtäläisyyksiä. Kriisijohtaminen korostaa tarvetta tehdä nopeita päätöksiä epävarmuuden keskellä, mikä on hyödyllistä myös kasvuyritysten johtamisessa. Kasvujohtajat voivat hyötyä kriisijohtamisen opeista ennakoimalla mahdollisia uhkia ja kehittämällä kykyään reagoida nopeasti muutoksiin. Kriisijohtaminen kehittää resilienssiä, eli kykyä sopeutua ja selviytyä vastoinkäymisistä, mikä on keskeistä organisaation pitkän aikavälin kasvussa. Selkeä ja johdonmukainen viestintä kriisissä on avainasemassa, ja tämä pätee myös kasvujohtamisessa - on tärkeää pitää kaikki sidosryhmät ajan tasalla organisaation visiosta ja strategiasta.

Yhteiskunnallisten muutosten myötä johtamiskirjallisuuden ja - opetuksen on vastattava uusiin haasteisiin ja tarjottava työkaluja, joiden avulla johtajat voivat menestyä muuttuvassa maailmassa. Uusi oppi on välttämätöntä, jotta johtajat voivat kehittää taitojaan ja sopeutua jatkuvasti kehittyvään toimintaympäristöön.

Monimuotoisuuden johtaminen

Nykypäivänä keskikokoisissa ja suurissa yrityksissä työskentelee ihmisiä monista eri taustoista, kuten kansallisuudesta ja kulttuurista, iästä, sukupuolesta, uskonnosta sekä koulutuksesta. Usein ajatellaan, että työntekijän taustalla ei ole väliä – kunhan hän hoitaa työnsä hyvin. Tämä näkemys, vaikka osittain totta, on vanhentunut eikä huomioi monimuotoisuuden kaikkia ulottuvuuksia työelämässä.

Monimuotoisuuden johtamisen keskeinen haaste on, että erilaiset ihmisryhmät vaativat erilaista lähestymistapaa. On tärkeää johtaa avoimin mielin ja olla valmis oppimaan. Johtamisen ytimessä on arvostava kohtelu, jossa kulttuurierot huomioidaan ja niitä hyödynnetään, mutta jossa ei keskitytä turhaan täydellisyyden tavoitteluun.

Työympäristö ja yrityskulttuuri on rakennettava niin, että syrjintää ei suvaita. Avoimen kiusaamisen lisäksi on ehkäistävä ryhmittymistä esimerkiksi sukupuolen tai kansallisuuden perusteella. Monimuotoisuuden suurin etu on erilaisten näkökulmien ja osaamisen yhdistäminen, mikä jää hyödyntämättä, jos työntekijät eristäytyvät omiin piireihinsä. Johtajan on myös tutkittava rehellisesti omia ennakkoluulojaan ja huolehdittava, etteivät ne rajoita toimintaa.

Monimuotoisuus tuo yritykselle merkittäviä etuja, kuten laajemman osaamis- ja näkökulmakirjon. Jos kaikki työntekijät tulevat samankaltaisista taustoista, heillä on usein samat vahvuudet - mutta myös samat heikkoudet. Erilaisten taustojen hyödyntäminen lisää yrityksen kykyä sopeutua muutoksiin ja toimia kansainvälisillä markkinoilla.

Kansainvälistyminen korostaa monimuotoisuuden merkitystä erityisesti silloin, kun laajennetaan toimintaa uuteen maahan. Paikallisen kulttuurin ja toimintaympäristön tuntevat työntekijät ovat korvaamattomia. Laajasta työntekijäpohjasta voi myös olla apua paikattaessa johtajien tietämyksen puutteita.

Monimuotoisuus ei rajoitu vain kansallisuuksiin. Eri koulutustaustat, ikäryhmät ja sukupuolet tuovat yritykseen arvokasta monipuolisuutta. Nuoremmat työntekijät tuovat uusia ideoita ja teknologista osaamista, kun taas vanhemmat tarjoavat kokemusta ja syvällistä tietotaitoa. Näiden yhdistäminen parantaa ongelmanratkaisua ja päätöksentekoa.

Hyvä johtaminen edellyttää, että jokainen työntekijä tuntee olevansa arvostettu ja tärkeä osa yhteisöä. Tämä vaatii tasapuolisten mahdollisuuksien tarjoamista ja syrjinnän aktiivista ehkäisyä. Johtajien tulee huomioida työntekijöiden yksilölliset tarpeet ja tarjota joustavuutta. Näin luodaan tuottava työympäristö, jossa monimuotoisuuden arvo realisoituu organisaation menestykseksi.

Kun organisaatiot oppivat arvostamaan ja hyödyntämään erilaisten henkilöiden tarjoamaa monimuotoisuutta, ne voivat luoda dynaamisemman ja innovatiivisemman työympäristön, jossa jokainen kokee itsensä arvostetuksi. Tämä on ratkaisevan tärkeää sekä yrityksen menestyksen että yhteisön hyvinvoinnin kannalta.

Erilaiset johtajat

Johtajalla on rooli, jota on noudatettava. Roolin sisällä voi kuitenkin luoda itselleen sopivan toimintamallin tavoitteiden saavuttamiseksi ja yhteyden luomiseksi eri tilanteissa. Toimialan mukaan on vaalittava tiettyjä arvoja ja mielikuvia. Poliisijohtajan on oltava turvallisuutta luova, luotettava ja vahva, mutta hänen ei tarvitse olla persoonaton. Omat luonteenpiirteet saavat näkyä läpi työssä ja johtamistyylissä.

"Johtajan tärkein tehtävä on tehdä itsensä tarpeettomaksi. Häntä tarvitaan ohjaamaan ihmisiä itse oivaltamaan ja saamaan asiat liik-keelle." Salla Vainio, BAC

Kasvun aikana johtajuus usein henkilöityy. Tämä on yritykselle riski, joka on ajoissa tunnistettava ja hallittava. Yrityskulttuuri on luotava sellaiseksi, että johtajuutta jaetaan ja usko, positiivisuus ja kasvuhakuisuus jatkuvat myös johtajan vaihdoksen jälkeen. Usein johtaja rakentaa ympärilleen "Dream teamin", joka kantaa yhdessä johtamisvastuun, ja parhaimmillaan luo jatkuvuutta myös johtajavaihdoksissa.

Monet johtamisesta kirjoitetut kirjat keskittyvät erilaisiin persoonallisuusmalleihin. Voi olla houkuttavaa lokeroida eri ihmistyypit, joita voi sitten kohdella eri tavoin persoonan tarpeiden mukaan. Esimerkiksi MBTI (myersbriggs.org) ja DISC-malleja (discprofile.com) suositaan paljon. En kuitenkaan keskity näihin malleihin tässä kirjassa, sillä pyrin kuvaamaan johtamista tavalla, joka pätee jokaiseen ihmiseen persoonallisuudesta riippumatta.

Haastatteluidemme perusteella johtajat voidaan kuitenkin jaotella käyttäytymisen mukaan erilaisiin kategorioihin, jotka osittain liittyvät yrityksen kokoon ja kasvun vaiheeseen.

- Tekijä. Luottaa tekemisen voimaan. Asettaa kovat tavoitteet ja vaatii tulosta. Tasapainoilee asiantuntijuuden ja johtamisen välissä. Kykenee toimimaan uskottavasti ja jalostaa yleensä liiketoimintaa tekemisen ohessa.

- Sparraaja. Aikaansaa luottamuksen, jotta häntä voi seurata. Ei jätä hommia muiden vastuulle. On tiukka ja vaativa, mutta oikeudenmukainen ja reilu. Kertoo asiat suoraan.

- Verkostoituja. Ottaa haltuun toimintaympäristön. Osaa lukea ihmisiä. Antaa vastuuta kasvun ja oppimisen myötä.

- Muutosjohtaja. Vahva visio, usko ja sinnikkyys. Luottaa, kannustaa ja tukee, mutta myös vaatii. Ennakoi tulevaisuuden muutokset, ja uskoo muutoksen toteutumiseen.

- Kehittäjä. Näkee kehittämiskohteet ja ratkaisee ongelmat. Hakee vaihtoehtoja päätösten pohjaksi. On avoin palautteelle ja oppii.

Haastateltavilla oli erilaisia nimityksiä johtamisestaan, kuten paranoidi optimisti, sissijohtaja, puutarhuri tai samurain miekka. Nämä nimitykset kuvaavat hyvin sitä, mitä he eniten arvostavat ja mitkä asiat korostuvat heidän päivittäisjohtamisessaan. Tärkeämpää kuin osuva nimeäminen tai itsensä sijoittaminen johonkin ryhmään on huomata, että erilaiset johtajat voivat menestyä. Yrityksessä kannattaa usein olla erityyppisiä johtajia – voimakkaan kasvun alkaessa voi olla haastavaa, jos yrityksen johtajista viisi on tekijätyyppiä mutta ei yhtään kehittäjää.

Tietynlaisena johtajana profiloitumisessa on myös kääntöpuolensa - jos on menestynyt hyvin jossakin tilanteessa, voi uskomus omasta kyvykkyydestä johtajana olla liiankin positiivinen. Tällöin riskinä on oman egon ympärillä toimiminen, sokeutuminen omiin tapoihin ja kyvyttömyys heittäytyä erilaisiin tilanteisiin.

Johtajan tulee tunnistaa, millaista roolia organisaatio kulloinkin tarvitsee. Samalla on tunnistettava, millainen itse on, millainen haluaa olla ja millaista käyttäytymistä pystyy kussakin tilanteessa toteuttamaan. Jokainen johtaja joutuu ajoittain mukavuusalueensa ulkopuolelle, mutta jos tilanne vaatii jatkuvasti johtamista, joka ei ole itselle ominaista, kannattaa etsiä itselleen sopivampia vaihtoehtoja.

Vaikka läpi kirjan puhun johtajista yksilöinä, harva johtaa yritystä ylhäisen yksinvaltiaan ottein. Johtajat tarvitsevat työntekijöiden lisäksi muita johtajia rinnalleen. Siksipä luottaminen tiimiläisten taitoihin ei riitä - tarvitaan myös luottamusta toisten johtamistaitoihin ja siihen, että johtajuutta voidaan jakaa.

Naiset johtajina

Naisten rooli Suomessa on maailman mittakaavassa merkittävä. Suomessa naiset saivat ensimmäisenä Euroopassa äänioikeuden v. 1906. Yhteiskuntamme tukee vahvasti tasa-arvoa, koulutusta ja päivähoitomahdollisuuksia. Sotien aikana ja jälleenrakentamisessa naisilla oli suuri rooli yhteiskunnan jaloilleen saattamisessa. Lotta–toiminnassa nuoret naiset ohjattiin vastuuntuntoon, ahkeruuteen ja kuriin, samoin kuin naisellisuuteen. Tuolloin kasvoi huolehtivia ja kuuliaisia naisia, mutta myös merkittäviä johtajia, jotka tekivät kriisin keskellä mitä olosuhteet mahdollistivat. Tällä vaiheella on varmasti merkitystä siihen, miten naiset kohdataan tänäkin päivänä.

Viime vuosina nuorten naisten esiintulo johtajina ja etenkin vaikuttajina on kasvanut. Sanna Marinin hallitus koostui viidestä naisesta, jotka luotsasivat meidät koronaviruspandemian pahimman aallon yli. Monet kansanedustajat pystyvät hyvin organisoimaan lasten saamisen ja kasvattamisen työnsä ohessa. Yrityksissäkään tämä ei ole ongelma kuin ehkä naisten omissa ajatuksissa. Kun katsoo taaksepäin, valitettavan monet yritysten ylimmät naisjohtajat ovat lapsettomia. Edelleenkin naisjohtajat tarvitsevat vahvan taustajoukon lastensa kasvatuksessa.

Usein alkaa tapahtua muutosta, kun asioita mitataan tai määritellään kiintiöitä. Yritysten hallituksiin on viime vuosina nimetty enemmän naisia yleisen keskustelun ja EU tavoitteiden pohjalta. Tällä hetkellä Suomessa täytämme juuri EU tavoitteen, jonka mukaan 40 % hallitusten jäsenistä tulee olla naisia. Toki edelleen on yrityksiä, joissa ei ole yhtään naista hallituksessa. Sen sijaan toimitusjohtajina tai johtoryhmien jäseninä naisten osuus on selvästi pienempi. Johdossa naiset ovat yleisimmin henkilöstöjohtajina tai muissa tukifunktioissa. Yhdeksi syyksi on arvioitu naisten haluttomuutta ottaa vastuuta operatiivisesta johtamisesta. Tämä tuskin on koko totuus.

SISU-mallia soveltaen naisten tulisi enemmän kiinnittää huomiota siihen mitä he oikeasti itse haluavat ja luoda uskoa kykyihinsä johtaa liiketoimintaa. Organisaation johtamisessa perinteiset naisten vahvuudet - välittäminen, arvostus ja usein myös ratkaisukeskeisyys - ovat varmasti kilpailuetu tulevaisuudessa myös kasvuyritysten johtamisessa. Riskinotto, usko mahdollisuuksiin ja delegointi ovat tyypillisesti miehille luontevampia piirteitä. Siksi kasvuyrittäjinä on vielä pääasiassa miehiä.

Minä johtajana

Kasvuyritykset elävät jatkuvassa muutoksessa ja kulkevat nopeasti läpi useiden liiketoimintavaiheiden, joita monet yhtiöt eivät koskaan näe tai näkevät huomattavasti hitaammin. Eri liiketoiminnan vaiheet vaativat myös johtajilta erilaisia asioita, joskus jopa eri johtajia. Jotkut ammattijohtajat käyttävät tätä tietoisesti hyödykseen ja profiloituvat esimerkiksi uudistajiksi, saneeraajiksi, tasapainottajiksi, käynnistäjiksi tai kasvun läpiviejiksi. Kuten olemme jo aiemmin todenneet, tällainen jako ei ole kiveen hakattu tai pakollinen: johtajana voi myös kehittyä.

Menestyäkseen johtajan täytyy tuntea itsensä ja kehittää jatkuvasti kykyään johtaa itseään ja muita, mahdollisesti hyvinkin erilaisia henkilöitä. Onnistuminen ja kehittyminen mitataan tuloksilla ja peilaamalla tekemistä asiakastyytyväisyyteen ja henkilöstön työtyytyväisyyteen, sitoutumiseen ja tehokkuuteen.

Kasvujohtajalla ja urheilijalla on paljon yhteistä. Vaikka johtamiseen on jo pitkään haettu oppia urheilusta, on yleensä ajateltu joukkueiden valmentamista. Kasvujohtajan olisi hyvä verrata omaa johtamistaan paitsi valmentajaan myös yksilölajin urheilijaan. Huippu-urheilijalla on lähtökohtaisesti valtava intohimo. Hän haluaa huipulle ja asettaa tavoitteita ja välitavoitteita sinne pääsemiseksi. Hän harjoittelee sinnikkäästi, eikä luovuta vastoinkäymistenkään jälkeen. Urheilija mittaa ja analysoi suoritustaan jatkuvasti. Hän etsii yhdessä valmentajansa kanssa uusia tapoja tukemaan kehitystään. Urheilija ymmärtää aikajänteen - tulokset on saatava ennen kuin ikä tuo fyysiset rajoitukset pärjäämiselle. Johtajien kannattaisi hyödyntää valmentajia oman toiminnan analysoimisessa, kehittämisessä ja jossain vaiheessa myös syrjään siirtymisessä ja tilan antamisessa muille.

Paavo Nurmi valmensi nuoria urheilijoita: "Luovuttaa ei saa, ei siksi, että silloin häviää, vaan siksi, että luovuttaminen on osoitus luonteen heikkoudesta. Kun kerran luovuttaa, seuraavalla kerralla on helpompi ja kolmannella kerralla vielä helpompi luovuttaa. Neljännellä kerralla luovuttamisesta tulee jo tapa, ja turha on kilpailla ja treenata, jos luonne on syöpynyt seulaksi". (Yksin. Karo Hämäläinen)

113

Kasvujohtajan pitäisi haluta olla johtajana huippu. Huippujohtaja toimii parhaana versiona itsestään joka tilanteessa. Hän listaa hyvät puolet itsestään, mukana myös sellaisia piirteitä, joita haluaisi omata. Tätä vasten on hyvä arvioida omia lahjoja, vahvuuksia ja osaamista. Täytyy myös tunnistaa, miksi asioita tekee ja miten niitä tekee.

Omassa toiminnassa löytyy aina hyvää johtajuutta edistäviä ja estäviä asioita. Asenteet, olettamukset, osaaminen ja tavat ovat yleensä kehittyneet vuosien saatossa vahvoiksi, eikä niistä helposti pääse irti. Johtajalta odotetaan tasapuolisesti tunteen ja älyn käyttöä. Hän tuntee oikeasti itsensä, tietää miten reagoi ja toimii eri tilanteissa. Kun tunnistaa omat reaktionsa ja rakentaa oman ideaalin johtamistapansa niiden perusteella, voi omaa johtamistaan kehittää. Kun ymmärtää itseään, pystyy ymmärtämään myös toisia.

Miten toimintasi näkyy käytännössä tavoitteiden saavuttamisessa ja omassa hyvinvoinnissa? Mitkä asiat saavat aikaan hyvää tai huonoa? Mitkä tavat tuovat tai kuluttavat energiaa? Mitä haluat vahvistaa ja mistä päästä eroon?

Luottamuksen rakentaminen

Oli tilanne liiketoiminnassa mikä tahansa, luottamuksen rakentaminen on kaiken johtamisen lähtökohta, ja luottamus syntyy ajan myötä. Tietty tasaisuus ja itsekuri edistävät luottamusta, kun taas ylilyönnit yleensä rikkovat sitä.

Luottamuksellisessa suhteessa pidetään kiinni sitoumuksista, ollaan reiluja ja läpinäkyviä eikä käytetä hyväksi toisen haavoittuvuutta. Luottamusta rakennetaan arjessa joka hetki. Johtajalta odotetaan esimerkkiä, sujuvaa kommunikaatiota, läsnäoloa ja rauhallisuutta. Kasvujohtajalle tämä voi olla haastavaa kaiken tohinan, innostuksen ja paineen keskellä. Kuitenkin tietty hillintä ja tilannetaju on välttämätöntä tuloksen aikaansaamiseksi, on sitten kyse henkilöstön, asiakkaiden tai rahoittajien kanssa toimimisesta.

Haastateltavat korostivat aitoutta ja sitä, että tulee olla oma itsensä kaikissa tilanteissa. Epämääräisen tilanteen ja kasvun aikana ei kannata esittää mitään roolia. Toki jossakin tilanteessa voi olla haavoittuvaisempi ja joissakin päättäväisempi, mutta mikäli toimii oman persoonan tai tyylin vastaisesti, toiset kyllä näkevät sen. Tällöin he tulkitsevat, että johtaja salailee eikä arvosta heitä. Tämä syö luottamusta.

Esimerkit sisun voimasta ja kehittymisestä

Eräs haastateltava kertoi useammasta selviytymisvaiheestaan – ensin oli opeteltu yrittäjyyttä, sitten oltu liian aikaisessa ja romahdettu IT-kuplan aikana, selviydytty lamasta, opittu katsomaan tulevaisuuteen, kansainvälistymään ja rakentamaan rinnakkaisia yrityksiä riskien välttämiseksi. Hän totesi, ettei kyse ollut epäonnistumisesta, vaan oppimisesta. Tämä oli yksi esimerkki siitä, kuinka sisua tarvittiin paitsi selviämiseen myös uuden kasvun rakentamiseen. Nousut ja laskut ovat osa yrittäjän elämää, mutta sisu kannustaa jatkamaan – silloinkin, kun kaikki tuntuu mahdottomalta.

Oman sisutarinani koen henkilökohtaisena kehittymisenä. Lapsuuden kilpahiihto kasvatti tavoitteellisuutta, konetekniikan opiskelu pärjäämistä miesten maailmassa, henkilöstö- ja muutosjohtajuus globaalissa yrityksessä näkemystä ja vaikuttamiskykyä, ulkomaan komennukset kulttuurien tuntemusta ja pärjäämistä, yrittäjyys epävarmuuden sietoa ja yksinhuoltajuus vastuunkantoa. Näistä lähtökohdista kirjoitan positiivisesta sisujohtamisesta, joka sisältää selviytymisen ja uuden kasvun.

Johtajuuden reflektointi ja oma hyvinvointi

Suomalaisia pidetään rehellisinä ja suoraselkäisinä johtajina, ja näitä piirteitä myös haastateltavat korostivat. Lupaukset on pidettävä ja epäkohtiin on puututtava rivakasti. Ihmisiä tulee kohdella reilusti ja tasapuolisesti. Useammat toivat esille myös oman ammatillisen osaamisen merkitystä uskottavuuden aikaansaamiseksi. Syytä onkin pohtia, kumpi on helpompi delegoida - johtaminen vai asiantuntemus. Tai kuinka saada työntekijät ottamaan vastuuta tekemisistään, jos johtaja on ammatillisesti liian hyvä eikä anna tilaa toisten kehittymiselle?

Työelämä 2020 -tutkimuksen mukaan eri osapuolilla on merkittävä ero arvostuksen kokemisessa. 88 % johtajista oli sitä mieltä, että he arvostavat työntekijöitä. 55 % työntekijöistä taas oli sitä mieltä, että johtajat eivät arvosta heitä. Me haastattelimme vain johtajia, mutta olisi mielenkiintoista kuulla kuinka heidän työntekijänsä kuvailisivat johtajan johtamistyyliä. Jokaisella on sokeita pisteitä, ja siksi johtajankin on kerrottava avoimesti, jos on mokannut, mitä siitä oppi ja kuinka aikoo toimia jatkossa. Tämä on esimerkillä johtamista tehokkaimmillaan.

Sosiaalipsykologian tutkimuksesta tiedetään, että julkinen, tarkka ja myönteinen palaute ryhmän jäsenelle lisää ryhmän yhteenkuuluvuuden tunnetta. Se vahvistaa tiimiytymistä - luovuutta, tehokkuutta ja paineensietokykyä. Sen sijaan aggressiivisuus saa aina vastapuolessa aikaan jännitystä, pelkoa ja suojautumisreaktioita. Vaikka kilpailuhenkisyys ja aikaansaamisen kovat tavoitteet johtavat usein aggressiiviseen vuorovaikutukseen se johtaa lähes poikkeuksetta turvattomuuteen ja tehottomuuteen. Harvard Business Review 2/2018.

Yhä useampi kaipaa merkitystä työssään ja omassa elämässään ja merkityksellisyys onkin nostettu yritysten strategiaan. Haasteena on kuinka todellisuudessa tukea henkilöitä merkityksellisyyden löytämisessä ja johtamisessa. Johda merkitystä-kirjassa (Aaltonen, Ahonen & Sahimaa, 2020) esitellään viiden v:n merkityksellisyyden johtamisen malli, joka on linjassa SISU-johtamismallimme kanssa.

Viiden V:n malli

1. Välittäminen - ihmisenä ihmiselle oleminen, arvostus ja ajan antaminen
2. Varustaminen - perusasioiden laittaminen kuntoon, kuten työvälineet, palkkaus ja resurssit
3. Viitoittaminen - esimerkillä johtaminen sekä tulevaisuuden tavoitteiden ja suuntien viitoittaminen
4. Valtuuttaminen - vapauksien, valtuuksien ja vastuun antaminen osaajille
5. Viestiminen - työn tärkeyden ja merkityksellisyyden jatkuva ja säännöllinen viestiminen

Johtajan yksinäisyys koskettaa jossakin vaiheessa kaikkia johtajia. Vastuun määrä, päätöksenteon paineet ja odotukset voivat luoda tunteen eristyksiin joutumisesta ja siitä, että ei ole ketään, kenen kanssa jakaa haasteita. Tämä yksinäisyys voi vaikuttaa sekä henkiseen että fyysiseen hyvinvointiin, joten sen tunnistaminen ja käsitteleminen on tärkeää. Johtajan on tärkeää tunnistaa ja hyväksyä tunteensa, olivatpa ne sitten ahdistusta, stressiä tai yksinäisyyttä.

Erilaisten menetelmien ja välineiden avulla voi löytää tasapainoa, luoda uusia näkökulmia ja varmistaa, että pystyy johtamaan sekä itseään että muita menestyksekkäästi ja hyvinvoivana. Päivittäinen tai viikoittainen reflektio voi auttaa tässä; esimerkiksi pitämällä tunteiden päiväkirjaa tai varaamalla aikaa hiljentymiselle ja pohdinnalle. Lisäksi kannattaa etsiä vertaistukea ja verkostoja, joissa voi jakaa kokemuksia ja oppia muilta. Mindfulness-harjoitukset ja meditaatio auttavat keskittymään nykyhetkeen ja rauhoittamaan mieltä. Fyysinen aktiivisuus, kuten lenkkeily, jooga tai kävely luonnossa, voi auttaa vähentämään stressiä ja tuomaan uusia näkökulmia. Luonnossa liikkuminen on erityisen tehokasta, koska se yhdistää fyysisen aktiivisuuden ja mielen rauhoittamisen. Ammattimainen tuki, kuten terapia tai coaching, voi auttaa käsittelemään tunteita ja löytämään uusia näkökulmia. Coaching voi myös tarjota uusia lähestymistapoja sekä yrityksensä että itsensä johtamiseen.

On tärkeää varata kalenterista aikaa vain itselle. Tämä aika voi olla rentoutumista, lukemista, uuden oppimista tai mitä tahansa, mikä auttaa palautumaan. Jokainen hyötyy myös säännöllisestä irtiotosta työstä. Tämä voi tarkoittaa loman ottamista, mutta myös pienempiä irtiottoja, kuten pitkiä viikonloppuja ilman sähköposteja. Tämä auttaa lataamaan akkuja ja näkemään asiat uudesta perspektiivistä. Yksinkertaiset hengitysharjoitukset voivat auttaa rauhoittamaan hermostoa ja tuomaan mielen takaisin tasapainoon. Läsnäoloa voi harjoittaa esimerkiksi keskittymällä yhteen asiaan kerrallaan, kuten kahvin juomiseen tietoisesti tai lyhyen kävelylenkin aikana vain ympäristön havainnoimiseen ilman häiriötekijöitä. Lisäksi luovat toiminnot, kuten maalaaminen, kirjoittaminen tai musiikin soittaminen, voivat tarjota tilan, jossa mieli saa levätä ja irtautua arjen kiireistä.

"Johtaminen on vähän kuin puusepän työtä - siinä tulee paremmaksi, kun sitä tekee paljon." Risto Siilasmaa, WithSecure

Kuten on todettu, hyvään tulokseen voi päästä erilaisilla johtamismenetelmillä. Haastateltavat painottivat, että ihmiset seuraavat johtajaa, jolla on asiantuntemusta, innostavuutta ja korkea energiataso. Nämä piirteet ovat epäilemättä johtamisen perusta, mutta moderniin kasvujohtamiseen tarvitaan muutakin. Tärkeintä on tiedostaa mitä omassa yrityksessä tarvitaan ja toimia sen mukaisesti.

118

Itsensä johtamisen kehittämisen osa-alueita:

1. Kirkasta oma visiosi. Mistä unelmoit ja mitä haluat saavuttaa?
2. Toteuta johtaminen omalla ideaalisella tavalla.
3. Ole selkeä ja oikeudenmukainen.
4. Ole läsnä - kysy, kuuntele ja kannusta.
5. Huolehdi jaksamisestasi.
6. Karsi turhia tehtäviä. Opettele sanomaan EI
7. Pyydä apua ja hyödynnä muiden osaamista.
8. Kokeile uusia tapoja. Tee muistiinpanoja ja opi.
9. Ole aktiivinen ja luo kontakteja.
10. Kehitä itseäsi ja yritystäsi jatkuvasti.

SISU-mallin käyttö johtamisen kehittämisessä

Kasvujohtaminen on nopeaa hetkessä toimimista, ja rapatessa rois-kuu. Perinteisesti osaamisen kehittäminen on mielletty pitkäkestoiseksi ja raskaaksi prosessiksi. Muutos ja todellinen oppiminen viekin usein aikaa, mutta kun asioita havaitsee ja tulkitsee niitä oikein, niin kehittyminen on jo pitkällä. Haluamme antaa eväitä itsetutkimiseen ja nopeaan kehittämiseen.

SISU-malli näkyy organisaatiossa toisin kuin itsensä johtamisessa. Itsensä johtaminen on itsereflektiota ja usein enemmän tunteisiin kohdistuvaa. Organisaatiossa taas johtaminen näkyy toimintana ja tuloksena.

Pohdi seuraavan taulukon väittämien toteutumista ja vertaa johtamista oman organisaation toimintaan, niin saat pikaisen analyysin siitä, mihin kehittämisessä kannattaisi keskittyä ja missä on parannettavaa.

	Organisaatiossa	**Johtamisessa**
Suunta	Jaettu ymmärrys strategiasta ja sen merkityksestä asiakkaille	Tiedän tarpeemme, osaan ottaa riskejä ja kestän epävarmuutta
	Tavoitteiden, roolien ja tehtävien selkeys ja merkitys	Osaan rakentaa toimivan organisaation
	Viestinnän kirkkaus ja innostavuus	Olen uskottava ja innostava asiakkaiden, sidosryhmien ja työntekijöiden silmissä
	Asiakasnäkökulma toiminnassa	Tunnen ylpeyttä toiminnastamme

Intohimo	Kasvua ja innostusta tukeva yrityskulttuuri	Minulla on halu kasvaa ja luon edellytykset kasvulle
	Resursseja, osaamista ja vahvuuksia käytetään oikeudenmukaisesti	Tunnen itseni ja henkilöstön vahvuudet ja osaan hyödyntää niitä
	Toimiva vuorovaikutus kaikkien kesken	Minulla on pelisilmää ja tilannetajua. Kuuntelen ja olen läsnä.
	Työskentelyolosuhteet edistävät tuloksellisuutta ja motivaatiota	Pidän huolta omasta jaksamisesta ja hyvinvoinnista
Suoritus	Toimintamme on ketterää ja kokeilevaa	Olen valmis ottamaan hallittuja riskejä ja kokeilemaan
	Meillä on selkeät ja reilut pelisäännöt ja vastuut	Tiedän, miten asiat tehdään muita arvostaen
	Päätöksenteko on tehokasta	Osaan tulkita tilanteen ja toimin nopeasti ongelmien ratkaisussa
	Saamme hyviä tuloksia aikaan	Saan aikaan tuloksia hyvällä johtamisella
Uudistus	Olemme edelläkävijä toimialallamme	Seuraan ympäristöä ja olen aktiivinen eri verkostoissa
	Analysoimme toimialaa ja asiakaspalautetta nopeasti ja rakentavasti	Ennakoin asioita, analysoin tietoa ja hyödynnän tuloksia
	Muutamme tavoitteita, toimintaa ja tapoja ketterästi	Kehitän toimintaa ja vien muutokset läpi tehokkaasti
	Meillä hyväksytään virheet ja tuetaan jatkuvaa oppimista	Havainnoin johtamistani ja kehitän sitä jatkuvasti

SISU-malli yksinkertaisuudessaan on käyttökelpoinen niin erikoisten yritysten kuin julkisen sektorin johtamisen kehittämisessäkin. Samoin tätä mallia voi käyttää yksilön oman toiminnan arvioimisessa.

Esimerkit SISU-malleista eri organisaatioissa

SISU-johtamismallia voi käyttää työkaluna strategiseen toimintaan tai yksittäiseen kehittämiskohteeseen. Usein yksittäinen päätös vaikuttaa kuitenkin toimintaan laajemminkin, jolloin mallin avulla voidaan varmistaa, että suunta, intohimo, suoritus ja uudistus ovat huomioitu toteutuksessa.

Esimerkki teknologia-alan projektista

Resurssiliiketoimintaan perustuvat yritykset kohtaavat usein haasteita paitsi asiakkuuksien hankkimisessa myös osaajien löytämisessä. Pilottiyrityksellämme oli hyvä maine, ja kysyntää oli enemmän kuin he pystyivät hoitamaan. Kävimme läpi rekrytointiprosessia sekä uusia mahdollisuuksia rekrytoinnin ja perehdyttämisen kehittämiseen. Tämä osoittautui kuitenkin liian hitaaksi prosessiksi merkittävän kasvun aikaansaamiseksi, joten päädyimme epäorgaaniseen kasvuun. Tunnistimme mahdollisesti ostettavia yrityksiä ja aloimme etsiä kumppaneita arvioimaan yritysten soveltuvuutta strategiaan. Tämä avasi myös mahdollisuuden laajentaa palvelutarjontaa.

Suunta	• Kasvatamme markkinaosuutta uusien toimialojen ja asiakkuuksien kautta • Palvelemme asiakkaita korkealla osaamisella ja laatutasolla
Intohimo	• Olemme mukana merkittävissä projekteissa • Osaamistamme arvostetaan ja toimimme läheisesti asiakkaiden kanssa, heidän tiloissaan
Suoritus	• Meillä on selkeät toimintatavat ja prosessit • Hankimme luotettavat kumppanit yrityskauppojen hallintaan
Uudistus	• Päivitämme omistajastrategian • Luomme prosessin epäorgaaniseen kasvuun

Kuva 15. SISU teknologiayrityksessä

Esimerkki julkisen sektorin projektista

Ikääntyvän väestön myötä paineet vanhustenhoidossa kasvavat. Kuntien ja kaupunkien säästöpaineet heijastuvat myös palvelutaloihin, luoden haasteita niiden toiminnan tehostamiselle. Hoitajamitoitus ja ammattinimikkeet on ohjeistettu lakipäätöksin. Toimintaa valvotaan sekä ennalta sovituilla että ilmoittamatta tehdyillä tarkastuskäynneillä hyvinvointialueiden toimesta.

Tutkimme, kuinka SISU-mallia voisi hyödyntää sote-alalla. Pilotti-kohteeksi valittiin monikulttuurinen tiimi palvelukodista, jonka arki koostui asukkaiden hoidosta, hoivasta, aktiviteeteista ja raportoinnista. Keskustelut tiimin kanssa keskittyivät vahvasti suorituksiin. Asiakaslähtöisyys oli tiimille itsestäänselvyys, ja yhteistyöhön oltiin pääsääntöisesti tyytyväisiä. Erilaisuutta arvostettiin ja hyödynnettiin päivittäisissä tehtävissä.

Tiimissä, johon kuului suomalaisia, virolaisia, filippiiniläisiä, venäläinen ja tanskalainen, suurimmaksi haasteeksi nousi varovaisuus tuoda esiin kehitysehdotuksia. Vaikka työkieli oli suomi, kielitaidon taso vaihteli, mikä vaikeutti viestintää. Lisäksi henkilöiden kulttuuriset taustat loivat omia rajoitteitaan avoimelle ongelmanratkaisulle ja kehitystyölle.

Muistisairaiden hoidossa toiminnan tehokkuuden mittaaminen on haastavaa. Pilotin palvelukoti tarjoaa paitsi ympärivuorokautista hoivaa, myös monipuolisia aktiviteetteja, mikä erottaa sen tyypillisistä palvelutaloista. Alalla kuitenkin korostetaan palvelun yhdenmukaisuutta, esimerkiksi hallituksen määrittämien hoitajamitoitusvaatimusten ja muiden ohjeistusten kautta. RAI-arviointijärjestelmä mittaa asukkaiden kuntoa, ja tyytyväisyyttä seurataan henkilöstö- ja asukaskyselyillä. Toimenpiteiden varsinaista vaikuttavuutta ei kuitenkaan mitata, mikä vaikeuttaa kehittämistä.

Näistä lähtökohdista määrittelimme pilotin hoitotiimin SISU-toimintamallin.

Suunta	• Tarjoamme hyvää hoitoa ja elämyksiä asukkaillemme • Olemme tehokas yksikkö, tunnemme asukkaat ja toimimme joustavasti tilanteen ja asukkaiden voinnin huomioiden
Intohimo	• Kannamme yhteistä vastuuta toiminnassamme • Olemme kiinnostuneita asukkaista • Hyväksymme erilaisuudet ja hyödynnämme vahvuuksiamme
Suoritus	• Meillä on selkeät roolit ja säännöt ja toimimme tehokkkaasti sekä normaalipäivinä että poikkeustilanteissa • Pyydämme apua ja autamme toisiamme • Annamme ja otamme vastaan palautetta rakentavasti virheistä oppien
Uudistus	• Aktivoimme yhteistyön omaisten, työntekijöiden ja verkostojen kanssa • Pidämme hoitosuunnitelmat ajantasalla, ylläpidämme päivärytmiä ja toimivaa kokous- ja raportointikäytäntöä

Kuva 16. SISU palvelukodissa

Esimerkki SISU-mallin soveltamisesta yksinyrittäjälle

Monelle yksinyrittäjälle on haastavaa tasapainoilla suunnan, intohimon, suorituksen ja uudistuksen kesken. Testasimme SISU-mallia yrittäjäkollegan kanssa, ja analyysimme osoitti hänen intohimonsa olevan suhteettoman korkealla tasolla. Tämä pohjautui vahvasti omaan osaamiseen ja yrittäjyyden unelmaan. Haasteena oli suunnan kirkkaus etenkin, kun keskustelimme kilpailussa pärjäämisestä ja erottautumisesta. Toiminta oli hieman laskussa, aikaa meni näkyvyyden kasvattamiseen, mikä ei kuitenkaan johtanut myyntiin. Työmäärä oli kova, ja haimmekin tarkemman asiakasfokuksen ja hinnoittelun kautta selkeyttä ja tasapainoa työn ja vapaa-ajan välille.

Suunta	• Rajaan palvelun kahdelle toimialalle • Tunnen toimialan ja asiakkaiden tarpeet kokonaisvaltaisesti • Selkeytän tarjonnan ja palvelupaketit
Intohimo	• Rakennan ja ylläpidän asiakassuhteita • Verkostoidun alan toimijoiden kanssa • Työn, vapaa-ajan ja kehittämisen tasapaino
Suoritus	• Fiksu myynti ja sisältömarkkinointi • Ajankäytön seuranta • Oikea hinnoittelu
Uudistus	• Seuraan aktiivisesti alaa (tutkimukset, messut, koulutukset) • Luon uusia yhteistyöverkostoja • Kokeilen ja opin (seuranta ja viikottainen analyysi)

'Kuva 17. SISU yksinyrittäjälle

YHTEENVETO

Kirja keskittyy siihen, miten kasvua rakennetaan johtamisen näkö-kulmasta. Kasvun saavuttaminen ei ole helppoa, ja yleensä yritysten haasteet liittyvät johtamiseen, riittämättömään riskinottoon ja uskal-luksen puutteeseen. Kasvun tavoitteleminen on monen yrittäjän ja johtajan unelma, mutta päämäärän saavuttaminen vaatii valtavasti työtä, suunnitelmallisuutta ja päättäväisyyttä.

Kasvun saavuttaminen ei kuitenkaan ole päätepiste. Johtamisen mittakaava ja luonne muuttuvat, kun kasvu kiihtyy tai kun toiminta stabiloituu. Tällöin henkilöjohtamisen merkityskin korostuu ja laaje-nee, ja yrityskulttuurin aktiivisesta kehittämisestä tulee yksi menes-tyksen kulmakivistä.

Johtajana kehittyminen on jatkuva prosessi. Onko realistista odottaa, että sama johtaja pystyy ohjaamaan yritystä sen kaikissa elinkaaren vaiheissa? Tämä kysymys on erityisen ajankohtainen perheyrityk-sissä ja tilanteissa, joissa johtajavaihdos on väistämätön. Kasvun joh-taminen vaatii kykyä nähdä tulevaisuuteen, mutta myös taitoa koh-data muutokset ja sopeutua uusiin tilanteisiin.

Johtaminen edellyttää myös erinomaista itsetuntemusta - omien vahvuuksien ja kehityskohteiden tunnistamista sekä kykyä ymmärtää omaa käyttäytymistä eri tilanteissa. Samoin on tärkeää tunnistaa, mi-ten oma toiminta vaikuttaa muihin. Tämä näkökulma tukee paitsi päi-vittäistä johtamista myös stressin hallintaa ja hyvinvoinnin ylläpitoa.

Suomalaisessa johtamisessa on valtavasti potentiaalia. Positiivisuu-den ja ihmiskeskeisyyden lisääminen auttaa valjastamaan sisukkuu-temme kasvun ja hyvinvoinnin tueksi. Tätä varten kehitin SISU-joh-tamismallin, joka tuo suomalaiseen sisuun uuden, ajankohtaisen nä-kökulman.

126

SISU-johtamismalli syntyi kokemusten, haastattelujen ja tarinoiden pohjalta. Mallin perusta on sen yksinkertaisuudessa: se tarjoaa konkreettisia työkaluja johtamisen kehittämiseen, olipa yritys kasvuvaiheessa, vakiintumassa tai siirtymässä uuteen vaiheeseen. Malli sopii myös julkisten organisaatioiden käyttöön. Se auttaa johtajia keskittymään olennaiseen ja tekemään parempia päätöksiä, jotka tukevat yrityksen menestystä ja ihmisten hyvinvointia.

Mallin neljä keskeistä osa-aluetta – suunta, intohimo, suoritus ja uudistus – muodostavat kompassin, joka auttaa johtajia, yrityksiä ja yhteisöjä pysymään oikealla kurssilla. Se muistuttaa, että menestys ei synny pelkästään ideoista ja tavoitteiden asettamisesta, vaan myös niiden saavuttamisen mahdollistavasta tekemisestä ja arvostavasta johtamisesta. Johtaminen on ennen kaikkea ihmisten kanssa ja heidän kauttaan toimimista. Siksi uskon vahvasti suomalaiseen työkulttuuriin ja kykyymme johtaa.

SISU-johtamismalli on suunniteltu tukemaan johtavassa asemassa toimivia henkilöitä matkalla, joka on haasteista huolimatta täynnä mahdollisuuksia.

KIITOKSET

Lämmin kiitos Päivi Iskanius ja Elina Uutela, jotka jaoitte kanssani unelman suomalaisen johtajuuden arvostuksen nostamisesta ja osallistuitte aiheen tutkimusvaiheeseen ja haastatteluihin. Tätä dataa olen hyödyntänyt, kun uusi innostukseni kasvun johtamisen tukemiseen heräsi tämän hetken taloushaasteiden ja lamaannuksen tilassa.

Kiitos kaikille haastatteluihin osallistuneille - teidän mielenkiintoiset tarinanne ja arvokkaat oivalluksenne loivat vankan pohjan SISU-johtamismallin rakentamiselle. Haastateltujen nimet löytyvät liitteistä.

Jukka Summalalle olen erityisen kiitollinen tuesta tekstin viimeistelyssä. Arja Harila, Tuula Raatikka, Matti Pohjolainen, Timo Järvensivu ja Juha Koskinen, arvostan suuresti rohkaisevia keskustelujanne ja arvokkaita kommenttejanne.

Esa Kinnusen suositus toi rohkaisevaa näkökulmaa kirjan käytettävyyteen. Kannen suunnittelusta ansaitsee kiitoksen Severi Romsi ja SISU-mallin visuaalisen ilmeen kuvaamisessa MarkeKoo.

Emilia Kaitajärven tuki kirjoitusprosessin aikana oli merkittävä - kirjaa ei ehkä olisi syntynyt ilman sinua. Emilia ja Lumi, teidän ansioistanne olen kasvanut eniten ihmisenä ja haluankin rakentaa parempaa maailmaa, joissa teillä ja muilla nuorilla on mahdollisuus loistaa.

Lopuksi kiitän lämpimästi kaikkia teitä ystäviä, sukulaisia, kollegoita ja johtajia, jotka olette saaneet minut uskomaan, että suomalainen johtaminen on arvostettavaa ja pystymme sen avulla luomaan kasvua ja hyvinvointia.

LIITTEET

Johtamiseen liittyviä työkaluja

Kasvun edellytykset

Halu kasvaa

Kuinka paljon sinä ja yrityksen muu henkilöstö uskotte ideaan?

Kuinka kattavasti olette selvittäneet kysynnän ja kilpailutilanteen?

Haluatko, että yrityksesi tulee olemaan maailman paras?

Oletko valmis panostamaan täysillä?

Miten olet valmistautunut hallitsemaan ongelmista kumpuavia it-sesyytöksiä?

Kuinka hyvin olet varautunut muiden kritiikkiin ja epäilykseen?

Oletko valmis kansainvälistymään?

Toimintamallit ja prosessit

Miten pääsette tavoitteeseenne?

Kuinka hyvin prosessit tukevat strategian toteutumista?

Miten asiakaslähtöisyys näkyy toiminnassanne?

Miten huomioitte diversiteetin rekrytoinnissa ja toiminnan organi-soimisessa?

Kuinka hyvin päätösten teko on valmisteltu ja resursoitu?

Miten viestintä ja vuorovaikutus toimii (määrä ja laatu)?

Miten mittaatte ja arvioitte tehokkuutta ja tuloksellisuutta?

Miten yhteistyö ja yhteinen vastuu näkyy toiminnassanne?

Miten arvioisit omaa ja organisaatiosi jäsenten tunneälyä?

Kasvun kulttuuri

Kuinka toimintakulttuurinne tukee yrityksen kasvua?
Onko yrityskulttuurinne konfliktin ja muutoksen kestävää?
Ovatko omat ja yrityksesi arvot sopusoinnussa?
Luovatko yrityksesi kulttuurin yksittäiset ihmiset vai kaikki yhdessä?
Mahdollistavatko yrityksesi johtaminen, rakenteet ja toimintatavat uudistumisen?
Kuinka yrityksessäsi hyväksytään virheet?
Miten yrityksessäsi tuetaan oppimista?
Kuinka yrityksessäsi huomioidaan onnistumiset?
Miten toiminnassanne näkyy joustaminen työntekijöiden tarpeiden mukaan?

SISU hyödyntäminen liiketoiminnan suunnittelussa

	Tavoite	Toimenpiteet	Tulos
Suunta	merkitys selkeys	vuoropuhelu kyvykkyys	mittarit vastuunotto
Intohimo	arvostus	avoimuus reiluus	sitoutuminen yhteisöllisyys
Suoritus	aikaansaaminen	optimointi palaute oppi	tehokkuus inhimillisyys
Uudistus	ideat vaihtoehdot	analysointi riskien hallinta	luottamus ilmapiiri

Fokus eri kasvuvaiheissa

Kasvun alkuvaiheessa

1. Kirkasta tavoitteet
2. Hanki resurssit ja luo karkeat pelisäännöt
3. Lähde liikkeelle ja kokeile

Kasvun kiihdyttyä

1. Ennakoi
2. Anna vastuuta ja palautetta
3. Toimi sitkeästi ja ketterästi

Kasvun tasaannuttua

1. Analysoi ja kehitä
2. Hyödynnä verkostoja
3. Luo kestävä kasvun kulttuuri

SISU organisaation ja johtamisen kehittämisessä

	Organisaatiossa	Johtamisessa
Suunta	Jaettu ymmärrys strategiasta ja sen merkityksestä asiakkaille	Tiedän tarpeemme, osaan ottaa riskejä ja kestän epävarmuutta
	Tavoitteiden, roolien ja tehtävien selkeys ja merkitys	Osaan rakentaa toimivan organisaation
	Viestinnän kirkkaus ja innostavuus	Olen uskottava ja innostava asiakkaiden, sidosryhmien ja työntekijöiden silmissä
	Asiakasnäkökulma toiminnassa	Tunnen ylpeyttä toiminnastamme

Intohimo	Kasvua ja innostusta tukeva yrityskulttuuri	Minulla on halu kasvaa ja luon edellytykset kasvulle
	Resursseja, osaamista ja vahvuuksia käytetään oikeudenmukaisesti	Tunnen itseni ja henkilöstön vahvuudet ja osaan hyödyntää niitä
	Toimiva vuorovaikutus kaikkien kesken	Minulla on pelisilmää ja tilannetajua. Kuuntelen ja olen läsnä.
	Työskentelyolosuhteet edistävät tuloksellisuutta ja motivaatiota	Pidän huolta omasta jaksamisesta ja hyvinvoinnista
Suoritus	Toimintamme on ketterää ja kokeilevaa	Olen valmis ottamaan hallittuja riskejä ja kokeilemaan
	Meillä on selkeät ja reilut pelisäännöt ja vastuut	Tiedän, miten asiat tehdään muita arvostaen
	Päätöksenteko on tehokasta	Osaan tulkita tilanteen ja toimin nopeasti ongelmien ratkaisussa
	Saamme hyviä tuloksia aikaan	Saan aikaan tuloksia hyvällä johtamisella
Uudistus	Olemme edelläkävijä toimialallamme	Seuraan ympäristöä ja olen aktiivinen eri verkostoissa
	Analysoimme toimialaa ja asiakaspalautetta nopeasti ja rakentavasti	Ennakoin asioita, analysoin tietoa ja hyödynnän tuloksia
	Muutamme tavoitteita, toimintaa ja tapoja ketterästi	Kehitän toimintaa ja vien muutokset läpi tehokkaasti
	Meillä hyväksytään virheet ja tuetaan jatkuvaa oppimista	Havainnoin johtamistani ja kehitän sitä jatkuvasti

Johtamisen reflektointi

Avaintekijät	Oma/ muiden arvio	Ideaali	Kehittämiskohteet
Roolini			
Uskottavuus			
Selkeys			
Johdonmukaisuus			
Inhimillisyys			
Vuorovaikutus			
Arvostus ja oikeuden-mukaisuus			
Aikaansaaminen			
Oma hyvinvointi			

Haastatellut johtajat

Petri Ahokangas, Oulun yliopisto
Mikko Eronen, Fluido*
Arto Haataja, HydSupply
Juhani Hintikka, WithSecure*
Jussi Hurskainen, Valamis
Johanna Ikäheimo, Lappset
Kyösti Kakkonen, Kakkonen Yhtiöt
Pirjo Karhu, Centre D'Expertise*
Tuomo Kauranne, Arbonaut
Ilkka Lavas, CityFamily
Mikko Leino, M&M Growth Partners
Matti Manner, ProHoc
Kimmo Oila, Lexia
Martti Saarela, SteelDone
Zach Shelby, Edge Impulse
Risto Siilasmaa, WithSecure
Teemu Suna, Nightingale Health
Sture Udd, UPC Center
Salla Vainio, Business Advisors Circle
Matti Verkasalo, SmartKitchen
Mikko Kosonen, Boardman

* edustettu yritys haastatteluaikana

Suositeltavaa johtamiskirjallisuutta

Aaltonen, T, Ahonen, P, & Sahimaa, J (2020) Johda merkitystä. Alma Talent

Alahuhta, M (2015) Johtajuus. Kirkas suunta ja ihmisten voima. Yhteistyössä Martti Häikiö ja Pekkka Seppänen. Docendo

Aro, A, Heikkilä, A, Holmberg, E, Ikonen, O, Juujärvi, P, Morikawa, M, Råman, S, Sahimaa, J (2023) Inhimillinen tehokkuus. Alma Talent.

Brown, B (2016). Rising Strong. Random House

Forma, P (2023) Johtajan työkykykirja. Alma Talent

Hellsten, T (2005) Muutos. Kirjapaja

Hämäläinen, K (2017) Yksin. WSOY

Janssen, C (1996) The Four Rooms of Change – a Practical Everyday Psychology, W & W publisher.

Juuti, P (2023) Johtamisen murros. Basam Books

Järvensivu, T (2019) Verkostojen johtaminen. Books on Demand

Kallio, K (2023) Moderni Johtaminen. Kauppakamari

Kallio, M (2024) Mielenrauha. WSOY

Karppinen, J, Poussu, A, Sorri, T (2022). Valitse myynnin kasvu. Docendo

Kilpinen, P (2022) Inhimillinen strategia. Alma Insights

Koskinen, J (2024) Strateginen oppiminen. Ajantieto

Kosonen, M & Santalainen, T (2022) Elinvoima. Missiona kestävän kasvun edelläkävisyys. Docendo

Kujala, E (2021) Suorittajan mieli. Otava

Luukka, P (2024), Tulevaisuuskyvykäs organisaatio, Alma Talent.

Martela, F (2021) Itseohjautuvuus ja työn imu Suomessa – onko itseohjautuvuus työhyvinvoinnin vai pahoinvoinnin lähde? Aalto University publication series 42(3)

Martela, F & Jarenko, K (2017), Itseohjautuvuus. Miten organisoitua tulevaisuudessa? Alma Talent.

Parppei, R (2018) Tee, toimi, saa aikaan. Alma Talent

Quinn, R. E, Faerman, S. R, McGarth, M. R, Thompson, M. P, Bright, D (2015) Becoming a Master Manager: A competing Values Approach. Yhdistynyt kuningaskunta: Wiley

Rehn, A (2018) Johtajuuden ristiriidat. Docendo

Siilasmaa, R & Fredman, C (2018). Paranoidi optimisti. Näin johdin Nokiaa murroksessa. Tammi

Simon, S (2009) Start with Why. How Great Leaders Inspire Everyone to Take Action. Penguin Publishing Group. L.

Sippola, P (2023) Inhimillisyyden voima työelämässä - kohti menestystä ja hyvinvointia. Helsinki: Basam Books

Sitra megatrendit (2023). https://www.sitra.fi/julkaisut/megatrendit-2023/

Soback, D (2021). Valmentava johtajuus — Opas voiman, viisauden ja myötätunnon herättämiseen. Helsinki: Basam Books

Sydänmaanlakka, P (2024), Innostu, Innosta, Innovoi. Alma Talent

Tienari, J & Meriläinen, S (2021), Johtaminen ja globaali talous. Alma Talent

Vierula, M (2021), Löydä kilpailuetusi. Kauppakamari

Vuorinen, T & Huikkola, T (2023). Strategiakirja 25 työkalua. Alma Talent

Åhman, H (2024) Tunnerohkeus: suoraan puhumisen ja vastarinnan kohtaamisen taito. Otava